JN410306

문학 2015 신작모음집

문　　학
2015
신작모음집

책읽는
오두막

문학 2015 신작모음집

2015년 12월 18일 1판 1쇄 찍음
2015년 12월 25일 1판 1쇄 펴냄

지은이 | 김명리 손현숙 우대식 유종인 이경철 이윤학
김태형 박생강 유다정 이상권 이우중 황영경
펴낸이 | 조창희
기획 | 김종길, 오미미
주소 | 경기도 수원시 팔달구 인계로 178
전화 | 031-231-7237
팩스 | 031-236-0283
홈페이지 | www.ggcf.kr

발행 | 김남일
편집 | 박성아, 이승한
디자인 | 김현주
관리·영업 | 김태일, 채경민
출판등록 | 10-1221호(1995.10.26.)
주소 | 121-839 서울특별시 마포구 월드컵로 10길 48 동궁빌딩 501호
전화 | (02) 322-2161~5
팩스 | (02) 322-2166
홈페이지 | www.silcheon.com
이메일 | silcheon@hanmail.net

ISBN 978-89-98949-09-9 03810

* 이 책은 경기문화재단과 경기도, 한국문화예술위원회의 지원을 받아 제작되었습니다.

* 책읽는오두막은 실천문학사의 자회사입니다.

이 도서의 국립중앙도서관 출판시도서목록(CIP)은 e-CIP홈페이지(http://www.nl.go.kr/ecip)와 국가자료공동목록시스템(http://www.nl.go.kr/kolisnet)에서 이용하실 수 있습니다.
(CIP제어번호:CIP2015033190)

차례

삶의 갱신을 위한 서정의 창조

이성혁 문학평론가

여기, 김명리, 손현숙, 우대식, 유종인, 이경철, 이윤학 여섯 시인의 시편들과 만나면서 지금 우리 시대에 서정이 얼마나 중요한 일이 되었는지 생각해보게 되었다. 여섯 시인은 모두 개성적이고 좋은, 그러나 어찌 보면 전통적인 서정시들을 보여주고 있는데, 이는 우연한 일이라고만 생각되지 않는다. 21세기는 최첨단의 시대라고들 많이 얘기하지만, 한국 사회에서의 삶은 예전보다 더욱 고달프기만 하다. 21세기 초 많은 첨단적인 시들이 등장했지만, 점차 그 열기는 식어만 갔다. 2000년대 후반에 들어서면서 시대의 분위기는 그러한 첨단적인 시들과 어울리지 않게 되었기 때문이리라. 시간이 갈수록 한국 사회는 더욱 경직되어가고 사람들의 삶은 더욱 불안해지고 우울해져갔다. '힐링' 열풍이 불었던 것에서 볼 수 있듯이, 많은 이들이 제각기 치유되어야 하는 상처를 안고 살아가게 되었던 것이다. 하지만 사회가 인간성과 생명을 중시하는 방향으로 바뀌지 않는다면, 어떤 '힐링'을 위한 상담도 마음의 상처를 없애기 어려울 것이다. 그러나 서정시는 마음의 상처를 치유해주지는 못할지라도, 서정의 미학을 통해 불안과 우울의 들뜬 마음을 삶에 긍정적인 방향으로 되돌리는 힘이 있다. 그 서정의 힘은 시를 쓰는 사람이나 시를 읽는 사람이나 모두에게 관통한다. 여섯 시인의 시들이 모두 차분한 서정시를 보여주고 있는 것은, 많은 시인들이 고단하고 아픈 현 시대에서의 삶을 서정의 창조로써 견디고 갱신하며 세계를 재발견하고자 한다는 것을 알려준다.

김명리 시인의 시부터 살펴보자. 맨 앞에 실린 「눈의 무게」에서 시인은 어떤 상황을 면밀하게 관찰하는데, 이 관찰은 상상력을 동반하면서 이루어진다. 그러나 "있는 듯하다"나 "있겠다"와 같은 추측을 나타내는 서술어에서 볼 수 있듯이 시인은 섣부른 판단을 경계한다. 시인의 눈은 "마당에 쌓인 잔설"→"난간 위에 바투 선 고양이들"의 눈→"고양이 눈 속의 잔설"→그 잔설 위에 "흘러 다니는 새들의 발자국" 그리고 그 새들이 예전에 앉아 있었을 법한 "눈의 무게를 이겨내지 못하는/교목의 가지들"로 이동한다. 그리고 그가 바라본 대상에 대해 점차 과감한 상상력을 발휘한다. 고양이들의 모습에서 "양광의 미립자들이/시속 몇 킬로미터 속도로/자신의 눈조리개 속으로 파고들지를/찬찬히 주시하고 있"는 눈을 발견하거나, "고양이 눈 속의 잔설" 속에 "유리로 된 성채"가 있는 "겨울의 심처"를 읽어내는 것이 그렇다.

시인은 '시작 메모'에서, "풍경-대상과의 수평적 교류, 교감을 통해 존재의 비의를 드러내고"자 했다고 한다. 이에 따르면, 대상과의 수평적 교류가 시인의 깊으면서도 상상력 풍부한 관찰과 인식을 가져왔을 것이다. 그런데 시인이 관찰을 통해 얻은 인식은 무엇인가? 그것은 "풍경 속에 내재해 있는 존재의 비애"일 터, "발 없는 새"의 눈물이나 고양이 눈 속에 있는 겨울의 심처의 "한 움큼을 움켜쥐"었을 때의 "파편처럼 찔러오는 통증"이 고통스러운 비애를 표현한다. 또한 마치 삶의 무게—시의 제목인 '눈의 무게'—에 허리가 점점 빨리 휘어지면서 죽음의 "제 그림자에 닿아가"는 "교목의 가지들" 역시 그러한 삶의 운명적인 비애를 드러낸다. 그리고 마지막 행에 제시된, 세찬 바람 속에서도 "미동도 하지 않는" 적막은 이러한 비애의 풍경을 전반적으로 압축해준다. 이 바람 부는 풍경의 적막 속에서, 여기 있는 존재자들은 마치 슬로비디오를 보는 느낌을 주듯이 천천히 움직인다.

「봄물에 잠긴」에서도 "만지면 기우뚱해지는 물 냄새"와 같은 독특한 이미지나 "바람길 스산한 달의 분화구/오므리고 펼치고 잠기며/천천히 다시 시작되는 구름들" 같은 표현들 역시 「눈의 무게」가 보여준 김명리 시 특유의 느릿한 장면을 보여준다. 그러나 「눈사람이 되었더라면」은 삶에 대한 시인의 또 다른 인식을 보여주는 것 같다. "깊은 산속으로 들었다가 길을 잃"고는 미끄러져 낭떠러지에 떨어질 뻔한 시인은, "동그랗게 창 뚫린 파아란 하늘"에 구름이 한 무리를 짓고 흘러 다니는 모습을 올려다보게 된다. 그 함박눈처럼 생긴 구름은, 최대한 생략되고 절제된 선으로 최대의 효과를 노리는 '감필화법'처럼 듬성듬성 펼쳐져서 흐른다. 그 모습에서 시인은 "빠르게 부유하는 생"의 아득함을 깨닫고는 그 '구름-함박눈'을 뭉쳐 "내가 꾼 악몽의 뒤통수를 향해" 던져야겠다고 마음먹는다. 그 '악몽'이란 바로 낭떠러지로 떨어질 위기에 빠진 상처 입은 삶일 터, 그 삶의 상처를 치유하고 악몽으로부터 깨어날 수 있는 길을 감필화법처럼 대담한 모습을 보여주는 구름의 "빠르게 부유하는 생"에서 찾아내었던 것이다. 그리고 저 구름의 모습이 보여주는 '감필화법'에서, 김명리 시인은 앞으로 자신이 취하고자 하는 시법(詩法)을 찾아내었을지도 모르겠다.

김명리 시인이 산행 중에 낭떠러지에 떨어질 뻔한 어떤 순간 하늘의 구름을 올려다보고는 삶의 진실을 발견한 것과 마찬가지로, 「화악산」에서 손현숙 시인도 산행 중에 예기치 않게 어떤 풍경을 발견한다. "이제 다 왔다, 안도하는 순간", 그는 "불쑥 솟구치며 겁주는" "깍아지른 높은 바위산"과 만나게 된 것이다. 그 바위산은 시인을 "한입 크게 물어 내동댕이칠 것만 같"은 "악어 이빨처럼 날카로운" 모습이다. 이 바위산은 모종의 삶의 교훈을 시인에게 주었을 것이다. 삶이란 안도하며 살 수 없는 것이며, 이는 세계가 "손에 잡히지도, 보이지도 않는 산 첩첩"으로 둘러싸여 있기 때문이라는 교훈을 말이다. 언제 저 바위산 같은 타자가 갑자기 등장해서 시인의 삶을 뒤흔들지 모르는 일이다. 사건은 믿을 수 없이 예기치 않게 일어난다. "내 눈앞에 잠든 폭설의 땅/믿을 수 없는 일처럼 솟구치고 펼쳐"(「설국을 지나 바다」)지는 것같이 말이다. 그러나 위협적인 바위산처럼 "솟구치고 펼쳐"지는 사건은 부정적인 것만은 아니다. "신기루처럼 들이닥쳤다가 사라지는" 사건과의 만남을 통해, 시인은 "누구도 가보지 못한 내일에 내가 먼저 도착한 것 같다"는 자신감을 얻기도 한다.

그와는 달리 사건으로 현상하는 낯선 풍경과의 만남이 '다음 세상'인 죽음에 대한 감지에로 시인을 이끌기도 한다. 「바람도 숨, 쉬면서」는 김명리 시인처럼 손현숙 시인도 눈 쌓인 산길에서 "아이젠 신고도 미끄러"지는 사건에 맞닥뜨린다. 예전에는 일어나지 않았던, 예기치 못한 사건이다. 그렇기에 그는 그 미끄러짐에 대해 "낯설다"라고 말하는 것이다. 또한 시인은 "화악산 날등능선"에서의 이 위험한 미끄러짐으로 인해 죽음을 떠올리기도 했을 터, 그는 "다음 세상 찾아가는 길이 이럴까"라고 읊조리기도 한다. 그렇다면 시인이 느꼈던 낯섦은, 그가 마주친 죽음과의 경계선이 주는 불안과 무관하지 않다. 이윽고 "느닷없이" 시인의 "눈앞에 나타난 한 장면"이 "간밤 내린 눈에 잘생긴 소나무 정수리 쪼개"진 모습이라는 점은, 시인의 마음에서 죽음과의 마주침이 여전히 지속되고 있음을 말해준다. 그러나 그 죽음과의 마주침이 시인에게 공포를 가져다주지는 않는다. 눈으로 덮인 그 소나무에 대해 "하얗게 꽁꽁 염했다"라며 그래도 다행이라는 식으로 말하고는, 소나무의 "어떤 영혼이" 삶과 죽음의 "경계를 넘었을라나" 추측하는 것은 공포에 사로잡힌 사람의 모습이 아니다.

손현숙 시인이 죽음에 대한 공포에 사로잡히지 않을 수 있었던 것은 "꽃 피고 새가 울면 사라진 길 다시 만나는" 미래에 대한 낙관, 또는 윤회론을 마음에 품고 있었기 때문일 것이다. 그래서인지 시인에게 자연은 원래 두렵고 낯선 타자가 아니라 동화되곤 하는 존재다. 「연인산」에서 시인은, "끊어질 듯 이어지"는 "새 울음의 소리"에서 "어둠을 찢어 色을 부르는" 여자처럼 "새끼를 낳고 싶은 암컷의 암향"을 읽어내면서, 흙산이 "저절로 젖어 불어 콸콸 쏟아지는 물길 따라" "다리 활짝 열어 내 안의 계곡을 쏟"는 것을 보면 그렇다. 시인은 자연을 에로티시즘의 감성으로 받아들이면서, 그것에 동화되는 것이다. 그러니 그에게 자연은 언제나 매혹적인 대상일 것이다.

우대식 시인도 「소풍」에서 자연을 에로틱한 대상으로서 마주한다. 그러나 손현숙 시인처럼 자연과의 동화를 이루지는 않는다. 그 시에서 자연의 성적인 '풍성함'은 쓸쓸한 모습의 화자와 극도의 대비를 이루는 것이다. 그렇다고 저 자연의 에로틱한 모습을 화자가 외면하고 있는 것은 아니다. "붉게/자신의 성기를 내놓"는 '해당화' 앞에서, 화자는 자위를 하는 것이다. 하지만 그 자위는 "메마르고도 쓸쓸"한 것, 그는 저 "생산의 풍성함"으로 에로틱한 자연과 어울리지 못하며, 그래서 외롭고 쓸쓸하다.

한 고독한 '사내'가 등장하는 「겨울 산판집」의 풍경 역시 스산하고 쓸쓸한 느낌을 준다. '산판'의 사전적 의미를 찾으니 "나무를 찍어내는 일판"이라고 한다. 위의 시의 등장인물인 '사내'는 그러한 일판이 없어 텅 빈 "산판집에서 겨울을 나"고 있다. "눈이 나리면 부지런히 길을 쓸"어서 "누가 다녀갔는지 인적도 찾을 길 없다"고 하니, 그는 산고양이들만 몰려 사는 산판집에서 홀로 지내고 있는 것이다. 그런데 위의 사내가 살아 있는 사람인지 의심스럽다. 그 사내가 "이불을 스스슥 끌어 올려 얼굴을 덮는" "소리에 놀란 고양이들"이 "더러 죽은 자의 집에서 떠나기도 했다"는 구절을 보면 말이다. 그 사내의 행위는 죽은 자가 스스로 자기 얼굴을 이불로 덮는 모습 같은 것이다. 고양이들은 귀신을 본다고 하지 않는가. 고양이들이 이불 덮는 소리에 그 집을 떠났다는 것은, 그 사내가 귀신일 수 있음을 말해준다. 결정적인 것은 화자가 그 산판집을 "죽은 자의 집"이라고 말하는 점이다. 게다가 저 산판집에 사람이 살고 있다면 인적이 없다고 말할 수는 없다. 그렇다면 저 사내는 유령이라고 할 수도 있지 않겠는가(그러나 저 구절들은 홀로 사는 사내가 유령과 같은 삶을 살고 있음을 나타낸다고 해석할 수도 있다).

유령인지 산 사람인지 모르는, 산고양이들도 피하는 어떤 사내가 외로이 홀로 살고 있는 비인간의 공간. 이 극도로 쓸쓸하고 을씨년스러운 「겨울 산판집」의 풍경은 우대식 시인의 내면을 형상화한 것일 수 있다. "검은 숲 속에 이렇듯 눈이 쏟아지는 밤/남의 고향에 숨도 못 쉬도록 얼굴을 묻고/긴 한숨을 토"(「고향」)하는 화자의 모습 역시 시인의 쓸쓸하고 서글픈 내면을 보여주는 것일 테다. 고향을 잃어버린 사람, 그는 「겨울 산판집」의 사내의 모습이자 시인의 모습이리라고 추측된다. 그러나 「아산만의 산역(山役)」에서 화자는 "죽음 이전과 죽음 이후/그 사이가 사람일 뿐"이며, 그 사이에서 "등이 둥그런 짐승처럼" "내가 외면했던/모든 당신,"을 "기다리기로 한다"고 다짐하고 있어서, 위에서 언급한 시들의 화자와는 다른 모습을 보여준다. 외면을 떨쳐버리고 어떤 기다림, 즉 만남에의 희망을 품고 살아가겠다는 이 다짐은, 더 이상 인적을 지우고 쓸쓸히 유령처럼 살지 않을 것이라는 의미로 들린다. 그런데 이 다짐은 '산역'에서의 "마지막 타오르는 연기" 속에서 이루어진다는 데 주의하게 된다. 즉 그 다짐은 당신이 "지상에서 사라지고" 난 후에 가지게 된 것인데, 그래서 당신에 대한 기다림이란 결국 죽음에의 기다림이라고도 해석될 수 있는 것이다.

「겨울 산판집」의 인적 없는 비인간적인 풍경에 대해 '적멸'이라고 지칭할 수도 있으리라. 인간적인 번뇌로부터 떠난 세계로 보이기 때문이다. 유종인 시인은 그러한 적멸을 좋아한다고 말한다. 그런데 시인에 따르면, 적멸은 삶아짐으로 인해 형성되는 것, 적멸을 삶아내는 것은 "그림자의 흔들림"인 것으로 보인다. 「그늘 백숙」에 "소나무 그늘 솥"이라는 표현이 있는 것을 보면 말이다. '그늘'은 "한낮 그림자도 묵어가는 숨결"이다. 그리고 나는 "천년/비련을 알고 모르는" "그대의 그늘"이다. 또한 "소나무 그늘 솥"은 "나의 외계(外界)를 삶아"낸다고 한다. 그늘은 세계를 삶아내는 존재인 것이다. 역시 "그대의 그늘"인 나 역시 그대의 그늘에 의해 삶아질 터, "그대 그늘에 쪄낸 나는/천년 가는 내 마음을 그대 그늘에서/어찌 익힐까" 걱정한다. 그대의 그늘이 나를 쪄낼 수 있는 것은, 그 그늘이 존재의 그림자를 통해 발현되는 사랑이기 때문일 것이다. '사랑은 존재의 외양을 통해 발현되지 않는다……', '사랑은 이렇게 침묵하는 존재의 뒤편에서 비로소 열기를 가진다……' 이러한 의미.

사랑은 그늘을 통해 이루어지기 때문에, 상대방에게 스며들 수 있는 것, 그래서 내 몸을 만질 때 당신의 몸이 만져질 수 있는 것 아닐까. 「가을 무릎」의 서두인 "무릎을 한번 짚었을 뿐인데/그대 무릎이/만져진다"라는 표현은 사랑이란 서로의 몸에 스며드는 것임을 섬세하게 드러낸다. '그대'에 대한 사랑의 인식은 '나'의 몸에 스며든 당신의 몸을 인지할 때 이루어진다. "내 무릎 속의 그대"는 "무릎을 징검돌처럼 더듬어/가을을 건"너고 있다. 사랑은 나의 몸속에서 그대가 계절을 건너면서 이루어진다. 하여, 이 사랑은 소리를 낸다. 축음기를 틀어놓는다. 그 축음기에서 나오는 소리는 그러나 고요를 더 드러나게 하는 자연의 소리들이다. 그것들은 "풀벌레 소리", "가만한 새소리", "아이의 딸꾹질 소리", "솣덩이 하나 물에 젖어/푸시시 가슴 삭이는 소리" 등이다. 시끄러운 천둥소리도 나지 않는가? 아니, 엊그제 천둥소리의 '잔반'만 울려나온다. 요컨대, 그 소리들은 "슬픔이 고요해진 눈빛"으로 시각화할 수 있는 것들이다. 그 눈빛은 사랑이 슬픈 운명을 가졌기 때문에 나오는 것일 테다. '그대'는 언젠가 내 몸속에서 세월을 건너 나의 몸으로부터 떠나가리라는 운명, 그래서 "방금처럼/그대 무릎이 다녀"가리라는 운명. 사랑은 흘러가는 것이어서 헤어짐의 슬픔을 동반할 운명인 것이다.

그러나 시인은 「석인(石人)」에서, 그 흘러가는 사랑을 '여승(女僧)'처럼 느껴지는 '바위'의 말을 빌려서 긍정하고자 한다. "세상은 다 집을 얻어 사랑을 들여앉히"려고 하지만, 그 '바위'는 "어느 거룻배에 올라 손으로 강물 저어 가자"고 하는 것이다. 배를 타고 강물을 따라 흘러가는 연인의 사랑은 결국 끝이 나고 말 것이다. 그렇게 배에 합석할 연인은 어디에선가 뭍에 올라 서로 떨어지게 될 터이기 때문이다. 그래서 그 연인들은 "서로의 낯에 돋은 쓸쓸한 별을 더듬"으며 사랑한다. 그래서 화자는 "사랑이 어디까지냐구요"라고 바위에게 묻는 것인데, 바위는 "그걸 다 말하는 건 무엇이나 오류"라면서, 그에 대한 대답 대신 시의 마지막 행에서 "죽음은 앞서 끝났고 사랑은 늦깎이로 이제 시작이라네"라는 대답을 남긴다. 이를 풀어보면 이런 뜻 아니겠는가. '사랑은 어디에선가 끝나고 죽음을 맞겠지만, 또한 그 사랑의 죽음이 끝나면 새로운 사랑이 시작하기도 하는 것, 그런데 사랑은 언제나 사랑이 끝나는 편이 아니라 시작하는 편에 있다.' 바위의 입을 빌려, 유종인 시인이 사랑에 대해 말하고자 하는 바는, '바위'의 이 마지막 말에 응축되어 있을 것이다.

이경철 시인의 시편들은 주로 자연의 현상을 통해 유년의 기억을 재생시키는 방식으로 구성되어 있다. 4연으로 나누어진 「자작나무」는 내용상으로도 역시 4단으로 구성되어 있다. 1연은 시인이 새벽에 자작나무를 보는 장면이다. "별자리 사그라지고" 새벽하늘이 훤하게 드러나면서 "매끈하게 잘 빠진" "자작나무 종아리들"이 시인의 시야에 들어온다. 이 "자작나무 종아리들"은 시인이 과거 러시아에 있을 때 설원에서 보았던 "자작나무 처녀림"을 연상케 한다. 이 "러시아 자작나무 눈부신 처녀들"에 대한 일화가 2연의 내용이다. 러시아의 자작나무 역시 "미끈한 아랫도리"의 모습을 하고 있었는데, 그것들은 "백옥처럼 더 환해"졌기에 시인은 그 자작나무에 성적인 유혹마저도 느낀다. 자작나무의 “아랫도리에 쏟아”낸 “뜨거운 오줌발”이 “절로 굵어”졌다는 것을 보면 말이다.

3연에서 시인은 러시아 자작나무의 눈부신 순백색 모습에서 유년시절 “연줄 끊어져 눈 시린 빛살 되어 날아갔던 그때 그 연, 연줄들”에 대한 기억으로 넘어간다. 이 기억과의 접속은 러시아 자작나무의 아름다움이 지닌 처녀의 생명력으로부터 유년시절에 “꿈도 두려움도 가웃가웃 함께 날려 보내던 가오리연”이 하늘에 펄럭이며 떠 있는 모습이 연상되었기 때문일 것이다. 4연에서 시인은 다시 현재의 현실로 돌아온다. 그러나 그 현실은 과거의 기억과 융합되어 현현한다. 지금 보이는 ‘저 자작나무’는, 러시아 자작나무 ‘처녀’와 유년시절의 연들이 “눈의 요정 되어” “희디희게 서 있는 것”이라고 시인은 인식하게 되는 것이다. 여기서 보듯이, 시인은 현재 바라보는 자작나무의 아름다움으로부터 유년시절 하늘에 연을 날렸던 기억으로 비월함으로써, 그 시절 가졌던 꿈, 좌절되기도 했던 그 꿈을 현재의 현실에 되살리고 있다. 하여, 꿈을 가졌던 그 시절을 시인은 그리워할 것인데, 다른 시에서 그 그리움을 시인은 “무지갯빛으로 피어오르던 자귀나무 꽃 설익은 그리움…… 먼 먼 바다에서 들려오던 해조음(海潮音)”(「자귀나무 꽃」)이라고 표현한 바 있다.

이렇게 현현된 자연으로부터 아름다운 옛 시절에 대한 기억을 떠올리는 작법은, 현재의 현실을 초월하고자 하는 시인의 낭만적인 열망을 반영한다. 이러한 열망이 가장 선명하게 표현되고 있는 것이 「풀벌레 소리」일 것이다. 시의 마지막 3연에서 시인은 ‘풀벌레 소리’가 “묵정밭 가득 떠메고 가”면서 “우주 속으로 티끌, 티끌 나를 숫제 떠메고” 간다고 말한다. 이 구절에서 우리는 시인의 우주 속으로 초월하고 싶은 낭만주의적 열망을 쉬이 읽어낼 수 있다. 그러나 이러한 낭만주의는 이경철 시인에게서 개인의 초월에 한정되지는 않는다는 점에 유의해야 한다. 우주로 이미 이승을 초월하여 저 하늘에 박힌 “눈물 초롱초롱 새벽별들”에서, “탯줄도 못 끓고 간/내 동생"과 "쉰 감자 먹다/숨넘어간 어린 동생들 봐야겠다"(「새벽별」)라고 시인이 다짐하는 것을 보면 말이다.

이윤학 시인은 이경철 시인과는 상반되는 시법으로 시를 쓴다. 이경철 시인이 시적 대상의 묘사보다는 그 대상으로부터 주관적인 기억에로 초월해갔다면, 이윤학 시인은 치밀한 묘사를 통해 대상에 천착한다. 김명리 시인 역시 주로 풍경의 묘사를 자신의 시법으로 삼았는데, 그가 존재의 비의와 슬픔을 드러내고자 했다면 이윤학 시인은 주관의 개입을 최소화하면서 어떤 풍경의 좀 더 세밀한 묘사를 행하는 경향이 있다. 그럼으로써 이윤학 시에서의 장면은 형이상학적인 의미나 정서를 품는 것이 아니라 그 장면 자체가 어떤 의미와 정서를 자연스레 흘린다. 그래서인지 그의 시는 일종의 정묘한 풍속화같이 느껴질 때도 있다.

「서대마을에서 2」를 읽어보자. 이 시에서 시인의 생각이나 정서는 시에 거의 개입되지 않는다. 시적인 것은 정묘한 묘사의 언어적 활력에서 획득된다. '마당→산등성이→밤나무→"지렁이가/기어간 마당 자갈들"→마당→노인이 누운 마루→개가 묶여 있는 헛간' 순으로 연결되는 시의 공간에서, 밤꽃이 떨어지고, 어둠이 마당을 덮고, 장맛비가 내리고, 장맛비가 멈춘 사이 안개비가 내리고, "밤나무에 맺힌 빗방울이" 자갈들 위에 떨어져 "자갈들이 들썩거"리고, 노인이 "원두막을 향해 누워/구시렁거"리고, 묶인 개가 몸을 뒤척이는 등의 사건들과 행동들이 진행된다. 이 시는 시적 대상이 되는 세계에서 일어난 일들을 충실하게 시적으로 기록하고 있는 것이다. 특히 노인에 대한 묘사가 뛰어난데, "삐뚜름한 걸음걸이로 주먹 하나 등 뒤로 틀어"쥔 노인의 모습을 통해 그의 성격이 잘 드러난다. 노인이 "부르르 떨면서 대롱거리는/마루의 백열등을 켜"는 모습은 독자의 눈에 신선한 시각적 이미지를 제공한다. "털이/억세진" 개가 "눈에 불을 켜고" 있는 모습은 개의 영양 상태가 나쁘고, 그래서 사나워졌다는 사실을 요령 있게 제시한다.

이렇게 생생한 묘사가 대상의 특성을 드러낸다고 하더라도, 철저히 묘사만으로 그려진 일종의 즉물적인 저 풍경에서 무엇을 어떻게 느끼고 의미화할지는 철저히 독자에게 달려 있다. 이와는 달리, 「차에서 사는 사람」에서 행해진 정밀한 묘사는 어떤 비애를 느끼게끔 제시된다. 이 시는 집이 없이 차에서 사는 사람의 누추한 생활과 추레한 행동, 그리고 그 차 주변의 을씨년스러운 배경을 인상 깊고 섬세하게 묘사한다. 가령, "부분틀니를 빼놓고/철제 침대에 누운 남자의 숨이 코로 들락거렸다"나 "누레진 속옷을 치대는 여자의 손등이/한없이 늙어 보였다"와 같은 문장은 남자와 여자의 삶을 인상 깊게 드러낸다. 1연의 후반부인 "구겨진 침낭과 하트 무늬 수면 잠옷/두 벌을 털어 널"고 있는 '꽁지머리 남자'의 모습과 시의 후반부에서 "김치찌개 냄새를 뿜어내는 석유 버너/시퍼런 불꽃 위에 건조대를 펴 속옷과 수면/양말 몇 켤레를 말"리고 있는 여자의 모습이 대비되는 것 역시 깊은 인상을 남긴다. 마지막 행의 "내일을 산 것 같은 얼굴들"이라는 표현은 이들 삶의 본질적 성격이 새로움의 내일을 잃어버렸다는 것임을 한마디로 끄집어내어 보여준다.

그런데 이윤학 시인 특유의 묘사가 암울한 삶을 드러내는 데에만 사용되는 것은 아니다. 「서대마을에서 1」은 지금까지 보아왔던 정밀한 묘사를 보여주지는 않는다. 차라리 '감필화법'을 보여주는 이 시는 세 문장으로 이루어진 짧은 시이지만, 만물이 상생하면서 이루어지는 우주 생명의 경이가 선명하고 압축적으로 드러난다. 특히 인간으로부터 축생이라고 업신여김을 받는 개의 따스한 애린을 보여주는 행동이 어떤 인간의 모습보다도 감동적이다. "더 아픈 강아지가/끈질기게 앓는 강아지의 등에 바짝 붙어/흰 털을 핥으며 실눈을 빗뜨는" 모습 말이다. 죽음의 방향인 "서쪽으로 기우는" '대추나무'의 '가지'에 "메밀꽃처럼 꽃이" 핀 모습 역시 생명의 경이와 타자에 대한 대추나무의 애린을 보여준다. "수평으로 퍼지다 직각으로 올라간" "대추나무가지"는 자신의 얼마 되지 않을 생명에도 불구하고 꽃의 생명이 피어날 장소를 제공하는 것이다. 그리고 세계 내의 존재자들, 저 동물과 식물이 보여주는 이 애린의 세계를 달빛이 감싼다. 그 달빛이 퍼져 나가는 달밤은 경이로운 생명의 세계가 자신을 은은하게 드러내고 있는 우주적 공간이다.

눈의 무게
어느 저물녘
봄물에 잠긴
두물머리 시월
물결이 와서
빗날에 씻기는 항아리들
가을, 풀 먹는 개
가을 대방출
눈사람이 되었더라면
용문사 은행나무를 보러 갔다

김명리

1959년 대구에서 태어나 1984년 『현대문학』으로 등단했다.
시집으로 『물속의 아틀라스』, 『물보다 낮은 집』, 『적멸의 즐거움』,
『불멸의 샘이 여기 있다』 등이 있다.

눈의 무게

빽빽이 둘러친 잡목림 사이로 해가 든다
마당에 쌓인 잔설은
대지에 박음질한 듯 녹을 기세를 안 보이고
난간 위에 바투 선 고양이들은
공중에 떠다니는 양광의 미립자들이
시속 몇 킬로미터 속도로
자신의 눈조리개 속으로 파고들지를
찬찬히 주시하고 있는 듯하다
겨울의 심처에는
유리로 된 성채가 있어
고양이 눈 속의 잔설 한 움큼을 움켜쥐면
피가 흐르겠다, 파편처럼 찔러오는 통증이 있겠다
얼어붙은 잔설 위에는
드문드문 발 없는 새의 깃털
눈물로 변해서 흘러 다니는 새들의 발자국
눈의 무게를 이겨내지 못하는
교목의 가지들이
제 그림자에 닿아가는 속도가
점점 빨라지고 있다
바람 소리 세차다 적막은 미동도 하지 않는다

어느 저물녘

내 집에서 능으로 향한 오솔길에는
허물어져가는 널기와집이 한 채
겨우내 한 번도 발 들여놓은 적 없는
능의 장대한 그림자가
좁고 스산한 그 집의 안뜰을 쓸고 있다
앞치마 두른 아낙들이
제법 분주히 걸음을 놓는 초복날까지는
그 집의 주인장이 서둘러
제 집의 안뜰까지 내려서는 법이란 없다
누구였을까
능의 그림자가 황황히 안아들고 나서는
저다지 앳되고 여윈 그림자
병색 짙은 젊은 아낙의 한 줌 뒷모습이
자꾸만 눈앞에 어른거리고
붉은 지연(紙蓮) 한 등이
꿈처럼 외롭게 깜박거리는
사람의 집 들창
한 생애의 들고 나는 길이
못물처럼 어둡고 깊어
바람결 절로 얇아지는 어느 저물녘

봄물에 잠긴

봄물에 잠긴
한 그루 계수나무 속의 방에는

웅크려 잠든 애반딧불이 한 쌍
오목눈이도 한 마리
뾰루지만 한 송이버섯 한 송이도 들어 있다

만지면 기우뚱해지는 물 냄새다
산형꽃차례로 피고 지는 순간의, 순간들이다

바람길 스산한 달의 분화구
오므리고 펼치고 잠기며
천천히 다시 시작되는 구름들

진흙 사람의 내장도 어쩌면
그 속에서부터 몰래 생겨났으리라

두물머리 시월

양광은 등에 따갑고
그늘 쪽은 어느새 스산하다
여름내 재재발랐던
빛의 걸음걸이 속도가
슬슬 굼떠지기 시작하고
킁킁거리면 코끝에 바짝 당겨올
햇빛, 그늘, 가을꽃 향기
그 자리에 앉아 기다리거나
가야 하나 말아야 하나
좀 오래 머뭇거려도 좋을
햇빛과 그늘의 스미고 흩어지는 경계
먼 산 낮게 엎드려
길의 서쪽부터 일제히 파랑 이는 저녁의 물살
발아래 수크령 헝클어진 곳
마음의 무너진 울타리부터 먼저 어둡고
낮고 캄캄해지는 두물머리 시월

물결이 와서

늦가을 땅거미는 먼 산을 보듬듯 내려앉는데 날 저무는 유릉(裕陵) 숲 벚나무 갈참나무 단풍 진 잎사귀 후드득 듣는 소롯길 비낀 야트막한 언덕 초로(初老)의 두 남녀가 소주 한 병 새우깡 한 봉지를 사이에 두고 춘향가 한 대목 중 오리정 이별 장면을 목청껏 불러젖히는데, 산비둘기 때까치 울음소리 멎고 청설모 한 마리 속귀가 트이는지 상수리나무 잎새에서 숨을 고르고, 계면에서 자진모리로 아니리에서 중모리로 얼쑤 감치게 치렁치렁한 이화중선이 아니어도 좋고 그 목청 댕댕하고 건둥하다는 박록주가 아니어도 좋고 정정렬의 도창이 아니면 어떻고 임방울의 애절한 계면 아니면 어떠하리 비낀 가을 햇살에 연시(軟柿)처럼 두 붉은 얼굴을 마주하고 장단을 앞지르며 엇박으로 엮어가는, 잘 있거라 편지 하소 떨리는 손장단의 어디서 어디선가 물결이 와서 주고받는 금지환(金指環) 은거울에 붉은 물 듣네 적막강산 꽃단풍 일제히 불을 내뿜네

빗날에 씻기는 항아리들

엄마 병석에 누우신 뒤로는
된장, 고추장 없다
오이 양파 마늘 더덕장아찌 없다
물 잔뜩 담은 채 오가는 매지구름
뚝 끊긴 쇠박새의 울음
애반딧불이의 새파란 꽁무니들이 들었을라
빗날에 씻기는 항아리들 속에는
세월 징한 등근귀코끼리 한 쌍
수풀떠들썩팔랑나비의 곤한 날갯짓
이천만 년 전부터
숨 잔뜩 죽인 코끼리 코들
줄무늬비단 빛으로 깜쪽같이 뒤엉켜 있을지도 몰라

가을, 풀 먹는 개

시우리 고래산 산골 마을 한 식당
백발의 맹인 주인장 이끌고
아침 산책 나오는 개 한 마리 있다
덩치가 고래산 등성이만 한
시베리안허스키종 포터
미나리아재비, 닭의장풀 따위
독성 있는 풀은 돌아보지 않는
똘똘한 채식주의, 유기농으로 웰빙하는 개
달맞이 젖은 꽃술에 콧등 부비고
코스모스 줄기에 가만가만
혓바닥 대어본다
슬슬 당기면 이루 잡힐 법도 한
노다지 같은 가을빛
풀물 밴 동공 속에 팽팽하다
환삼덩굴 야릇하게 베어 문
이웃집 맹인 길라잡이견 포터
오늘따라 발꿈치 한 뼘은 더 높이 들어 올렸다

가을 대방출

꽃이 아름답고 나무가 귀한 것은
내장이 없는 탓이다
마당의 가을꽃 앞에 쪼그리고 앉아
한 가계가 한 해 동안 쏟아냈던
똥오줌 치우는 모습 바라본다
정화조 청소는 일 년에 한 번
가을 이맘때 하는 정기 행사
일을 다 마친 수거 노인이 비지땀 닦으며
자신이 수확한 오늘의 오물 게이지가
사만 원이라 한다
불한당처럼 어깨 겯고 덤비는 건들바람이여
내 오늘 큰맘 먹고 오마넌 줄 터이니
상하고 찢긴 내 오장 속
천변만화로 요동치는 애물단지
마음이라는 요물도 좀 멀리 퍼다 버려주소!

눈사람이 되었더라면

깊은 산속으로 들었다가 길을 잃었다
뭇 새들 날아오고 날아가는 소리
가만가만 나뭇잎 바스락거리는 소리
몰아쉬는 내 숨소리조차 무서웠다
미끄러진 자리에서 올려다본 하늘
소(沼)처럼 동그랗게 창 뚫린 파아란 하늘
그 속으로 감필화법으로 흐르던
한 무리의 구름을 기억한다
저토록 빠르게 부유하는 생이 있었다니!
낭떠러지에서 올려다보는 아득함이란
내가 주렴처럼 열어젖혀야 할
함박눈이었으니
나는 내가 꾼 악몽의 뒤통수를 향해
그것들을 뭉칠 수도 있었을 것이다
오오 눈사람이 되었더라면 더욱 좋았을 터

용문사 은행나무를 보러 갔다

또 한 시절 꽉 잠긴 부장품인 듯
제 수피에 고름 주머니를 주렁주렁 매달고 선
용문사 은행나무를 보러 갔다
조선조에 이르러
정3품 당상직첩 벼슬을 하사받았다는
수령 천백 년이 넘은 용문사 은행나무
좀팽이 같은 내 삶의 거죽들이
생율밤 등속을 한가롭게 까먹으며
천년을 추슬러온 나무의 외길을 올려다본다
옹이라, 옹두리라 불리는
나무의 저 딱딱한 고름 주머니들
초발심 운수납자 무심코 열어젖힌 행낭 속인 듯
상처는 간 데 없고
바람 소리 물소리만 그득할 뿐
저 나무, 천연기념물 제30호를 보호하기 위해
드높이 세워놓은 피뢰침 첨탑 속엔 까치집이 있고
그 속엔 두 근 반 세 근 반 까치 알이 뒹굴고
저이들과 함께 벼락 치기 전에 눈비 오기 전에
어디론가 후다닥 뒹굴어 가고픈 이즈음은
한 오리 바람에도
심연의 모닥불 샛노랗게 사위는 시월 끝물
정녕 떨어내지 못했던 무잡한 세월인가

채 박음질 안 된 내 삶의 짓뜯긴 거죽 거울 속
들끓는 한 뼘 강물 위로
은행, 은행잎 우수수 떨어지는

화악산
호명, 호명, 까마귀는
연인산
투명한 것들은 나를 통과한다
바람도 숨, 쉬면서
구름, 바위 깨져서
석성에 간다
탄도항
막배는 언제 떠났을까?
설국을 지나 바다

손현숙

서울에서 태어나 1999년 『현대시학』으로 등단했다.
시집으로 『너를 훔친다』, 『손』, 사진산문집 『시인 박물관』, 『나는 사랑입니다』가 있다. 토지문학제 평사리문학상을 수상했다.

화악산

화악산 오르는 길은 참, 여러 갈래다
길 앞에서 길 놓치기 일쑤다
똬리 튼 능선 이제 다 넘었는데
웬일이냐 숨이 턱, 막히게 바위벼랑이 버티고 섰다

돌아가기에는 너무 멀리 와버린 걸까
바위에 조금조금 홈이 패고 갈라진 틈이 보인다
짐승처럼 네발로 기어오르면 못 넘을 것도 없겠다

이제 다 왔다, 안도하는 순간
산이 산에 숨기고 있던 저기, 불쑥 솟구치며 겁주는
산국(山菊)과 산국 사이

공룡의 등뼈 같기도 하고, 악어 이빨처럼 날카로운,
금세 나를 확 떠밀어 한입 크게 물어 내동댕이칠 것만 같은
깎아지른 높은 바위산이 보인다

발로는 갈 수 없는, 무찌를 수도 극복할 수도 없는,
마음에 걸리는, 시간이 안겨다 주는,
손에 잡히지도, 보이지도 않는 산 첩첩……

해골 바위에 주저앉아 산 너머 지는 해 바라본다

화악산을 오르면 한 번도 오르지 못한 화악산이 있다

호명, 호명, 까마귀는

호명산 꼭대기 호명호수 둘레길 까마귀 떼 목책 위에 죽치고 앉았다 누가 불렀을까 허공에 단단히 뿌리내린 식물처럼 윤기 반질한 날갯죽지 각을 잡아 차렷! 눈도 깜짝하지 않는다 지금 바람 앞에 깃털 하나 나부끼지 않는, 거친 발톱으로 제 자리를 꽉 잡고 버티는 저놈들을 어디에 옮겨 심어 싹을 틔워볼까, 까마득하게 내려다보이는 저기, 사람의 땅 궁금할까?

그렇게 오래도록 여기서 나고 죽기를 반복했을까 나는 조리개 바싹 조인 카메라 초점 맞춘다 그러나 내가 한발 다가서면 까마귀란 놈 건방지다 움찔움찔 날개짓을 터는 시늉만 한다 서로 밀고 당기면서 고요가 고요를 자꾸 무너뜨린다

어라, 그런데 누가 누구를 쫓았다고? 빛의 극점처럼 깜깜해서 투명한 날개, 어느새 내 등 뒤에 모여 앉는, 완성된 고요의 꽃 나, 저쪽에서 이쪽으로 쫓겨난 거다

연인산

뿌리까지 비에 젖어 말랑해진
흙길 발바닥으로 지긋이 뭉개면서 걷는다

전나무 아래 독버섯 향 맵싸하다
이상해라, 새 울음의 소리 끝
낭창 올라가다 끊어질 듯 이어지면서

묵음과 묵음, 끼워 넣고 가다 서다를 반복한다
저건, 새끼를 낳고 싶은 암컷의 암향
여자는 어둠을 찢어 色을 부르는데
새는 젖은 궁음(宮陰) 부리에 물고
울음 꼬리 날카롭게 흘기는 걸까

뿌리에서 물관을 따라 힘차게 물을 긷는
호랑이 앞발 같은 팥배 둥치 꼭, 그것 같다
꽁꽁 싸매둔 묘향(妙香) 아차, 들켰을라나
시커먼 구름 삽시에 몰려들어 빗줄기 굵어진다

흙산은 여전히 몸에 물을 가득 품었다
저절로 젖어 불어 콸콸 쏟아지는 물길 따라
날벌레 손사랫짓해 쫓다 말고 그냥~
다리 활짝 열어 내 안의 계곡을 쏟았다

투명한 것들은 나를 통과한다
용인 자연휴양림 1

가마실 공터 삼만팔천지에 열흘 남짓 피었던
산나리 꽃 시들었을라나 모처럼 찾아 나선 산책길
꽃눈썹에 햇덩이 부서지는데 바람의 문신처럼
진딧물 바글거린다 괜찮을까, 돌아서는 순간

벌 한 마리 사자처럼 맹렬하다
쏜살인 듯 꽃의 안쪽으로 들이밀다가
허방을 움켜쥔 날개로 공중돌기한다
저건 위반을 모색하는 칼의 정적
피를 찍어 햇빛 위에 새기는 육필 춤이다

그러기를 수차례 해는 혼자 기운다
참을성 없는 나는 벌의 귀때기를 붙들어
꽃술 속에 들여앉히고 싶지만
꽃의 내력은 땅속에 제 아랫도리를 묻고 사라지는 것
칼은 칼을 만나기 직전의 먼 길로 돌아선다

가지 마라! 바람의 속내 코앞에서 정수리 치는

바람도 숨, 쉬면서
화악산 3

화악산 날등능선 한 발 나아가면
한 발 밀리고 아이젠 신고도 미끄러지는 눈길, 낯설다
다음 세상 찾아가는 길이 이럴까

느닷없이 눈앞에 나타난 한 장면,
누가 도끼로 찍은 것처럼 간밤 내린 눈에 잘생긴 소나무 정수리 쪼개졌다
제 몸통 제가 반 갈라 올리는 소신공양이다
찢어진 팔, 나뭇가지 거꾸로 쏟아졌다

하얗게 꽁꽁 염했다, 지난밤 컴컴한 시간
화악산 골짝마다 쩡, 쩡, 소나무 몸 열리는 소리 컸겠다
그때 어떤 영혼이 경계를 넘었을라나

팔다리 흔들면서 걷는 내가 도무지 내가 아닌 것 같다
꽃 피고 새가 울면 사라진 길 다시 만나는 걸까
바람도 숨 쉬며 하늘과 땅 사이에서 논다

구름, 바위 깨져서

운악산

마른번개 친다
대낮의 어둑살은 캄캄한 이명이다
산문은 여전히 열려 있고
멀쩡하던 배낭 밑이 툭, 터진다
전조등을 켠 자동차의 꽁무니
전생으로 달려가는 꼬리 달린 짐승 같다

꿈에, 손가락에 옹이 박인 파파 할머니
괭이 한 자루 불쑥 내민다
땅바닥에 동그라미 하나 짙게 떠 있다
어디까지 파먹어야 불빛 보일까
불면은 집안 내력이다

정수리에서 양은 긁는 소리 들린다
벼락 때리듯 때로는 암전,
왼쪽 어깨 살짝 결리면서
손끝에 닿았던 익숙한 것들 저릿, 놓친다
걸을 땐 엉덩이가 뒤로 쑥 빠진다니까

새까맣게 죽은 발톱 가렵다
편식처럼 신발 밑창 한쪽만 닳았다
참, 물병은 어디에 처박았더라

먹먹하던 하늘 갑자기 구름, 바위 깨져서
하늘 가볍게 땅으로 온다

석성에 간다

입춘

겨울 산은 무채색이다
바닥이 훤히 들여다보이는 고독길 따라
석성산 바위에 올랐다
풀 한 포기 내지 않는 여기는
햇살도 잿빛으로 무겁다
저 혼자 복받치다 씹어 삼키는
울음 같은 거,
바위의 침묵을 꾹꾹 짚어본다
느닷없이 손바닥이 뜨겁다
해산을 코앞에 둔 산모의 배를 쓸듯
만지고 문지르고 또 귀 기울인다
겨울잠 자는 동물처럼 투명한
단단히 웅크린 저, 지층의 함묵
언제부터 몸 풀기 시작했을까?
바위에 色이 돌고 물이 올랐다

탄도항

개펄 위에 배들이 정박했다
육지 쪽으로 순하게 몸을 틀었다

다 왔다, 오체투지다
시커먼 펄밭에 뿌리 박은 저 덩어리는
어느 황막한 길을 따라 오래 흘러들어왔겠다

물살도 서로에게 드나드는 길이 있어
불빛도 얼어붙은, 그 쩡쩡한 속
방파제를 넘는 그림자 뭉툭하다
개펄의 골을 타고 물길 열린다

살얼음 바다가 제 호흡으로 몸집 부풀릴 때
밤이 깊어 하늘과 바람
한통속으로 뒤엉킨다 배는 다시
저 캄캄한 수평선 쪽으로 몸을 밀고 나갈 것이니

멀리 불빛도 얼어붙은
탄도, 시퍼렇게 일어서는 파도의
곶과 마루
칠흑 속에서도 하얗게 뼈를 세운다

막배는 언제 떠났을까?
궁평항 2

바다는 덩어리째 익어간다
어둠에 기대어 단단해진 물결
바다를 끌고 가는 길이 있다

바닥을 알 수 없는 너울이 보인다
물빛으로 제 몸의 뿌리 키워내는 바다
맨발로 저 캄캄해진 물 위를 지나
네 곁에 기도처럼 눕고 싶었다

마음이 수평선 밖으로 끌려 나간다
막배 고동 소리가 오래 묵은 환청 같다
손가락으로 천천히 뱃길을 따라가다,

맨살에 화인처럼 비밀을 입었다
너에게서 온 것들 너에게로 돌아가는 때
저 혼자 일어섰다 사라지는

설국을 지나 바다

탄도항 2

사람의 정강이 같은 터널을 지나
아흔아홉 굽이 산 넘어가는 길
하얀 젖꼭지처럼 쏙 내밀어 보이는 저거,
자세히 보니 산꼭대기 잔설 뭉치다

올 겨울은 이상하게 가을이 길게 남아
고속도로 변 가로수 아직도 시퍼렇다
남향받이에서 계속 바라다보이는 저 산

사람이 죽으면 혼령부터 빨려들어간다는
블랙홀, 터널을 지나고 또 지나자
내 눈앞에 잠든 폭설의 땅
믿을 수 없는 일처럼 솟구치고 펼쳐진다

모르는 시간 속으로 삽시에 접어든 것일까,
누구도 가보지 못한 내일에 내가 먼저 도착한 것 같다
느닷없이 의상을 바꾼 산속의 산
설경은 뼛속까지 속내를 환하게 감춘다

컴컴한 어머니의 자궁을 빠져나오듯
자동차는 빠르게 또 하나의 터널을 통과한다
신기루처럼 들이닥쳤다가 사라지는

설국을 지나 바다로 가는 길
수평선 위에 낮달 지친 발 쉴 곳을 모른다

겨울 산판집
송북시장에 앉아
산책
아산만의 산역(山役)
고향
이방인
저 맑은 것들,
소풍
감나무 남자
눈길

우대식

1965년 강원도 원주에서 태어나 1999년 『현대시학』으로 등단했다. 시집으로 『늙은 의자에 앉아 바다를 보다』, 『단검』, 『설산 국경』, 산문집 『죽은 시인들의 사회』, 『시에 죽고 시에 살다』가 있다.

겨울 산판집

강원도 가깝다는 양평 봉미산 산협 마을
전기 지나는 소리가 쩌렁 울린다
부처상 암자 가까운 곳에서는
산고양이들이 몰려 산다고들 했다
德이 있으면 외롭지 않겠지
산고양이들은 서로의 털을 가끔씩
메마른 혀로 골라준다
산판도 없는 겨울
산판집에서 겨울을 나는 사내는
눈이 나리면 부지런히 길을 쓸고
누가 다녀갔는지 인적도 찾을 길 없다
그렇게 겨울을 지날 때
푸른 밤하늘에 정점으로 박혔던 간결한 달이
방 안으로 조금씩 녹아드는 거다
손가락으로 기타 현판을 천천히 끄는 소리처럼
산판집 사내가 이불을 스스슥 끌어 올려 얼굴을 덮는다
그 소리에 놀란 고양이들은
더러 죽은 자의 집에서 떠나기도 했다
산판집 겨울은 꽃도 있고 나무도 있어
봄을 기다릴 필요가 없었다

송북시장에 앉아

송북시장 순댓국집에서 술을 마신다
초여름 비는 보란 듯 보란 듯
하루 종일 국밥집 창을 두드리고
어린 아들놈은 지애비와 뜻이 맞지 않는다고
자꾸 집을 비운다
쑥고개 송북시장에 앉아 술을 마신다
다 흘러가는 것이라고 믿고 살았지만
과연 그럴까
비에 젖어 흘러가는 것을 보면서도
아무것도 믿을 수 없는 날들이다
장마전선은 북상 중이다
반갑고 슬프고 지랄같다
전쟁과 환란으로 초토화된 마음의 정원에서
자신이 자신에게 가하는 매질이 그치지 않는다
모든 초록이 춤추다가 한순간
극치에 이르려고 안간힘이다
검은 마음의 장막을 치고
송북시장에 앉아
속이 더운 음식을 자꾸 퍼 넣는다

산책

하늘로 바다가 떠오른
가을날 오전
진위면 마산리,
산길을 걷다가 도토리를 주웠다
손에 올려놓으니
모자를 벗고 인사를 건넨다
암 병동 환자가 쓴 모자와 비슷하다
그러나 도토리에서
모든 일을 마쳤다는
씩씩함이 묻어났다
손바닥에 올려놓고
나도 몇 번이나 인사를 건넸다
마지막 일을 마치라고 도로 그 자리에 던졌다

아산만의 산역(山役)

나는 아산만의 어느 가을에 도착하여
물고기를 등에 진 여인과
입을 맞춘다
바닷가 갈대들은
바람에 날려
지상에서 사라지고
오로지 강 너머 당신만이 나를 바라보고
섰다
긴 목수건으로 얼굴을 가린다
만(灣)의 끝자락에서 마지막 타오르는 연기
죽음 이전과 죽음 이후
그 사이가 사람일 뿐
햇살의 입자 사이로 흐르는
먼지 먼지
기도하는 자세로 엎드린
등이 둥그런 짐승처럼
나는 햇살과 먼지와 연기와 이전과 이후 사이에서
당신을 기다리기로 한다
내가 외면했던
모든 당신,

고향

눈이 오는 날
진위면 은산리
머언 나라 포장마차에 앉아
술을 마신다
술을 마시다 주인아줌마에게 묻는다
고향이 어디냐고
아줌마는 자신의 큰 가슴을 가리킨다
그러고는 펑펑 눈송이를 그 가슴으로 받아내며
김치광을 오간다
내 고향도 거기서 멀지 않은 곳
살고 싶다 외치며 떠나온
검은 숲 속에 이렇듯 눈이 쏟아지는 밤
남의 고향에 숨도 못 쉬도록 얼굴을 묻고
긴 한숨을 토할 때
조심스럽게 눈이 쌓인 징검다리를 건너는
한 사람이 있다
내 고향이기를 절실히 원했지만
끝내 타인의 고향이 되고자 했던 한 사람이
쓸쓸히 노래를 부르며
쩌렁쩌렁 큰 호령 소리가 울리는 겨울 들판을
건너는 한 밤이 있다
은산리 농가 눈발 속에

그리고 또,
한 사내가 있다

이방인

떠돌이 개가 며칠을 머물다 떠났다
어쩌다 먼 평택의 외곽까지 떠돌게 되었을까
며칠 머무는 동안
자신이 주인인 양 나를 몰아세웠다
돌을 던지면 천천히 논둑께로 올라갔다가
다시 집 주위를 어슬렁댔다
그가 사라진 한 달 뒤 우리 집 개 골짜기가
새끼를 밴 것을 알았다
그는 자신의 유전자를 심고 떠난 것이다
이방인의 새끼들에게 나는 밥을 먹일 것이다
이방인에게 빚을 갚는 법
골짜기 깊숙이 자신의 몸을 박고
몸서리쳤을 작고 날렵한 이방인

저 맑은 것들,

늦여름 만기사 절집,
스님은 출타 중이고 비가 내렸다
저 맑은 것들,
구름이 산골짜기에 집을 짓고 있었다
저 맑은 것들,
땅에 떨어진 빗방울들이 벗어놓은 신발 속으로 튀어 들었다
저 맑은 것들,
배추 모종이 비를 맞고 끄덕끄덕 웃고 있었다
저 맑은 것들,
능소화가 고목 둥치를 오르며 빗물을 받아내고 있었다
맑은 소주 받아내듯 분홍빛 꽃잎이 홀짝홀짝
빗물을 마시고 있었다

저 맑은 것들,

소풍

오늘 소풍 갑니다
바다 가까운 평택 식물원에서,
아무도 물지 않는 식물들 사이에서
김밥을 먹습니다
야만을 호흡하는 것이지요
세상의 모든 의문을
매발톱이라는 이름으로 호흡하는 것이지요
물 위로 오른 연꽃을 보면서
한 여자를 호흡합니다
파리지옥이라는 식충 꽃나무 이름을 부르면
그녀의 맨발에 쌓인 먼지들이 조금씩 바람에 날립니다
이 소풍은 참 한가합니다
유리 테라스에는 해변에서 날아온 해당화가 붉게
자신의 성기를 내놓습니다
저 생산의 풍성함 앞에서 내 자위는
메마르고도 쓸쓸했습니다
반야에 뜬 달이 따뜻하게 나를 껴안았습니다
밤늦도록 숨이 막힌 호흡이 계속되었습니다
사실,
이 소풍은 내가 나를 마시는 연습입니다

감나무 남자

평택시 진위면 마산리 309-2
이사 온 지 십여 년 만에 감나무를 심었다
감나무 묘목을 심은 지 오 년
올해 처음
열댓 개 감이 열렸다
늦은 가을
감 따라는 말을 허투루 듣고
며칠 주막을 떠돌다 집에 오니
감 열댓 개가 뜰팡에 가지런히
놓여 있었다
사 학년인 막내 아이가
자랑스럽게 자신이 땄노라 말했다
왜 애들한테 이런 걸 시키냐고 화를 냈다
첫해 난 감은
남자가 따야 한다고 노친께서 입을 삐죽이셨다
"그래 감 좀 따달라니 맨날 오밤중이니 쯔쯔
그래 우리 집 남자가 그놈뿐이니 어떡혀"
놈이 둥글둥글 웃다가 내 등을 툭 친다
"아빠 나 남자야"

눈길

누가 올라갔나
마산리 외골 마을
어지러운 발자국 두 개
취한 남자를 끌고
한 여자의 발자국이 비틀대고 있다
꽉꽉 서너 번도 더 밟혔을 눈길
한 발을 가기 위해 몇 번을 디뎠을까
어지럽다
산골에도 슬픈 일이 있나 보다

시와 시래기
곡신(谷神)
그늘 백숙
꿩 소식
거미와 자전거
손을 털다
가을 무릎
풍문들
파초도(芭蕉圖)
석인(石人)

유종인

1968년 인천에서 태어나 1996년 『문예중앙』 시 부문,
2003년 『동아일보』 시조 부문, 2011년 『조선일보』 미술평론으로 등단했다.
시집으로 『아껴 먹는 슬픔』, 『교우록』, 『수수밭 전별기』,
『사랑이라는 재촉들』, 시조집 『얼굴을 더듬다』, 산문집 『염전』 등이 있다.
송순문학상을 수상했다.

시와 시래기

초겨울 바람벽에 십자가의 예수보다 자주 시래기가 걸린다 아랫도리를 칼에 베여 내주고 시퍼런 윗몸만 담벼락에 거니 반그늘에 내걸린 그 쓸쓸한 유명세가 좋다

욕망이 마르는 게 좋다 몸이 말라 다른 생각이 끼쳐드는 그 넉넉한 품이 좋다 호주머니가 비는 게 좋다 호주머니에 든 내 손의 가난한 궁리가 좋다

설핏한 저녁 햇살에 흙벽에 드리운 허깨비 같은 그림자의 흔들림이 좋다 무얼 썼다고 시인입네 하는 나보다 한마디 말도 없이 푹 삶아지는 네 적멸이 좋다

시는 무어라 잘 안 돼도 시래기는 겨울로 마른다 싸락눈 치는 새벽에 혼자 깨어서 벽에다 몸을 부비며 뭐라 적바림하듯 끄적일 때 아침이 물으면, 바스러지는 입마저 꾹 다물고 마르는 네가 좋다

곡신(谷神)
가마솥

땅이라곤 베란다 밖 허공 마당이 전부인데
산수유 노랗게 망울을 터뜨리면
어디 세워둔 리어카를 내리거나
퇴마(頹馬)의 수레를 대신 끌고 가
무쇠 가마솥을 사 오고 싶네

그런 날은
좁은 골목길을 활짝 열어
버력으로 쌓은 아궁이에 솥을 안치리라
닭 가슴을 열어 찹쌀 한 줌 수삼 몇 뿌리 넣어 삶으리라

천년 노숙(路宿)의 그대가 먼저 오고
언청이 곰배팔이 안짱다리 계명워리 육손이 말더듬이가
묵은지 같은 미소를 입꼬리에 걸고 모이리라
닭 다리 하나씩 입에 물려 마음을 배불리리라

다리들 하나씩 뜯다 보면
가야금은 못 뜯어도 얼굴에 걸린
근심을 뜯어 웃음을 번져내리라
가마솥은 반나절 만에 동이 나고
가마솥 국물에 뜬 기름만 굳어질 때
흐르고 떠돌던 내 맘도 더불어 자리를 잡으리라

가마솥은 식어 쇳덩이로 돌아가려는데
솥에는 기름막이 하얗게 빙판을 두르는데
빈 가슴에는 가마솥을 앉힐 자리가 맴돈다
빈 솥이 텅텅 비어도 저리 든든한 걸 알겠다

그늘 백숙

매미 소리가 쏟아져 나온다
새벽인데 죽도록 암컷을 부른다

새벽 그늘에선 뭔가를 서늘하게 쪄내고 있다
매미 소리가 시끌시끌하게 쪄낸 그늘에
노인과 옛일이 서로 조근대고 부채가
우주 저편 저 누군가를 이웃처럼 부른다

등나무 아래, 그 그늘의 내장이나 된 듯
우리는 서늘히 숨 쉰다 지구가
태양을 폭음하는 여름날 빌딩과 나무의
그림자는 그늘의 솥으로 옹립된다

소나무 그늘 솥에 들면
나 같은 잡인(雜人)도 선풍(仙風)을 쪄 낸다
빌딩 그늘에 들면
있을까 싶은 나의 외계(外界)를 삶아낸다

한낮 그림자도 묵어가는 숨결의 그늘이라서
가끔은 고요를 열어 한 소리를 건져낸다
그늘이라서
나는 그대의 그늘이라서 천년

비련을 알고 모르는 그늘이라서

그대 그늘에 쪄낸 나는
천년 가는 내 마음을 그대 그늘에서
어찌 익힐까 그늘의 밑불을 높이는
풋것의 백숙(白熟)이라서

꿩 소식

길이 나 있지 않은 산기슭으로
찔레 덤불과 쓰러진 아카시나무 등짝을
타고 있는 이끼를 볼 때,
무언가
그 무엇인지 모르는 것이
적막에 사로잡힌 공기의 쪽문을 후려쳐 열어젖히고
허공으로 내빼는 꽁무니는
소스라치게 반가웠다
음험하게

무당 옷을 못 벗은 뒤였다
무당 옷을 못 감춘 뒤였다
민숭민숭하게 도린곁에 머물던 허공도
이 돌연한 수작으로
갑작스런 생색(生色)이 돌듯
화들짝,
솔개 등짝보다 높은 하늘로 솟구치니
나는 무슨 비밀을 놓쳤나
나는 무슨 연애를 깨웠나

꿩 여인의 줄행랑 앞에
나는 무슨 연애를 내쫓은 심술인가

나는, 까투리가 날아간 하늘로
어슬한 숲 그늘만 헤치는 어눌한 장끼가 되어
다시금 신명(神命)의 걸음을 끌어보는 거였다

거미와 자전거

작은 거미줄이 붙은 자전거를 끌고
나는 들판으로 나갈 때 있으니
자전거 바퀴에 들풀이 갈려도
어린 거미는 신나게 자전거 무동만 탔다

눈에 겨우 드는 거미 새끼를
귀하다 눈 가늘게 뜨고 보면,
들판 가득 수런거리던 바람의 말들이
가슴에 한 수레,
금은(金銀)의 언약을 모래알로 슬어내던
이별의 말이 한 수레,

순간 자전거 안장에 오른 풀무치마냥
내 서늘한 가슴에 덥석 사랑이 올라타
어서 앞장서라고 그대
눈을 찡그리며 내 등을 밀었으면

들판은 바람이 쉬 꺼지지 않고
어린 거미를 풀섶에 내려주고 오며는
어린 것은
여러 날 허방에 발을 빠뜨리며
바람 가득 연애의 그물을 새로 짜야 하리

손을 털다

집착이라면 바위는 너무 오래된 듯해도
멀리 떠나지 못해
광야는 그의 친구가 아닐 것 같아도
가보라!
광야에 흩어져 있는 모래알들 천지,
바위가
최소 오만 년 이상 손 털고 털어 펼쳐놓은
모래 폭풍 이는 광야를,

여기 화단 안에 바위가 누르고 앉은 건
이 지구가 너무 들떠 있다는 거다
저 바위의 무게는
저를 덮어오는 가벼움을 애써 진정시킨 침묵의 값,
잎보다 꽃을 앞세워 나온
벚꽃과 목련과 개나리는
잎싹이 나오면서부터 손을 털기 바쁘다
저 분분한 낙화는
사랑과 이별이 분간 없는 심정에
봄의 끝자락을 털어낸다

어디 한낮이 저녁을 가까이 앞두고
문득 인연의 먼지를 털어내며

어둑한 뒷모습 보여 사라지듯
내 가난을 미리 본 그대여
서둘러 뒷짐 지듯 손 털며 떠나려는 그대여
떠나면서 그대 자신과도 헤어지는 그대여
저녁 강가에 나와
흐르는 강물 속에 두 손 가만히 집어넣고
물속에 두 손을 마주쳐보면
얼마나 듣기 힘든가 이별의 박수는
얼마나 보기 좋은가 기별의 손짓은

가을 무릎

반바지 아래가 선득해
무릎을 한번 짚었을 뿐인데
그대 무릎이
만져진다

바람 가득한 풀벌레 소리에
낮별들 깨우는 가만한 새소리
자지러지게 울던 아이의 딸꾹질 소리
잔반처럼 남은
엊그제 천둥소리
숯덩이 하나 물에 젖어
푸시시 가슴 삭이는 소리

내 무릎 속의 그대
무릎을 징검돌처럼 더듬어
가을을 건널 때

슬픔이 고요해진 눈빛 같은 거
사랑이
틀어놓은 축음기 같은 거
내 무릎을 짚으면
방금처럼

그대 무릎이 다녀간다

풍문들

1

육교 위에 가로등이 깜빡 들어올 때
거기 가로등이 새삼 놀라워,
오늘 저녁은
나도 외계인(外界人),

거기 쌓인 묵은 모래 자루
모래 자루를 슬그머니 나온 모래알들이
내 눈길 아래 한 줌
소풍일 때

풍문도 모르고
어디로 쓸려 가는 등짝들

2

꽃은 해당화
실성도 조금 하였다
눈이 머는 사랑을 못 봐도
눈에 박힌 사랑을 못 불러내도

바람 없이도
바다로 기우는 춤을 덜어
해당화 가시에 긁힌 손등으로
그대 뺨을 어루만질 때

3

나이는 어느 때 먹을까
백합(白蛤)이 우는 소리를 듣는 밀물 때
혹은 썰물일 때
마지막 저녁 해를 바라고 비단조개가
갯물을 뿜으며 우는 소리를
그대 귀로 대신 들을 때

내 엄지 발톱에도
나이 금이 밀물져 들 때는
백합이 가을 물에 소름 돋듯
둥싯 떠올랐다 모래펄에 숨을 때

4

저무는 들녘, 푸른 풀밭을
온종일 몸속으로 옮기던 수소가
뒤미처 노을 바라고
입이 찢어져라 운다
되새김질한 풀들의 풋내 삼키며 운다
저무는 영각이여

그대에게
나를 등 떠미는 어둠이 오거라
그대에게
나를 여는 등불 밑이 오거라

5

산자락에 솔가리가 날리다
더러 거미줄에 얹힐 때
소스라쳐 다가섰던 무당거미는
제 시장기에 놀라 멈칫거릴 때

지금은 그대를 바라는 일도 다가서는 일도
다만 적막에 들킨 일일 때
멈칫거리며 자꾸 바위에 기대일 때
바위가
나를 마을로 등 떠밀듯
가만히 식어가는 저녁일 때

파초도(芭蕉圖)

그녀는
초가을부터 무너지는 몸일 텐데
그런 즐거운 나락이 내게 안겨오는 몸짓인 양
언제든 두 팔을 열어둘 참이었다

눈발을 맞으면
서늘했던 너른 잎이 사자 갈기처럼 휘날리며
나를 반길 것이라 여겨도
지금은 곰보 자국을 들여다보듯 우두망찰의 시간
간절함이 눈에 들 때까지
마른침을 삼키는 시간

훤칠한 초록의 애인
겨울 등지고 뒤란 뒷문을 허리 꺾어 나갈 때의
그 서늘한 손목을 잡아당기니
남들은 다 설원에 꽁꽁 묶였어도
내 애인은 뒷문 밖 오리(五里) 너머에
남국(南國)이 숨었다 하네

겨울에 내 얼굴이 새파라니 얼어도
자네 파초에겐
시르죽지 않은 연애의 동조(同調),

우리 서로 팔 허리 두르고
어느 바람에 뿌리 끊고 달려갈 곳 푸르다 하네

석인(石人)

베란다 밖 저 아래에 작은 바위가 있네
작업복 차림의 중년 사내가
급히 핸드폰을 받다 밀짚모자를 거기 내려놓고 가네
어쩐 일인가
바위는 그때부터 나를 부르는 듯해
그가 여승(女僧)인가 싶다가도
몇 달 전 사별한 홀몸의 가을인가도 싶네
오래도록 뿌리 깊었으나
이제 그 뿌리에서 시린 강물 소리도 들리네
같이 가자구요 우리
먹먹한 가슴으로 일단 십 리(十里)만 뜨자 하네
아니 오리(五里)쯤 가 버드나무 그늘 밑에
서로의 낯에 돋은 쓸쓸한 별을 더듬네
세상은 다 집을 얻어 사랑을 들여앉히는데
밀짚모자를 눌러쓴 바위는
들판에 쓰러진 나무의 손을 잡아 일으키고
어느 거룻배에 올라 손으로 강물 저어 가자 하네
사랑이 어디까지냐구요 어디까지인지
그걸 다 말하는 건 무엇이나 오류라 하네
한끝 간곡히 바위에게 물으니,
죽음은 앞서 끝났고 사랑은 늦깎이로 이제 시작이라네

비, 빗소리
새벽별
자작나무
풀벌레 소리
고라니
사과 꽃 솎아내며
행복, 너무 가까워 더 먼 곳
자귀나무 꽃
칡덩굴 순 따 씹으며
새털구름 하얀 꽃세상

이경철

1955년 전라남도 담양에서 태어나
2010년 『시와시학』에 김남조 시인 추천으로 등단했다.
저서로 『천상병, 박용래 시 연구』, 『21세기 시조 창작과 비평의 현장』,
『대중문학과 대중문화』(공저), 『천상병을 말하다』(공저) 등이 있다.
현대불교문학상(평론 부문) 등을 수상했다.

비, 빗소리
초부리 시첩 6

댓잎에 내리는 비 댓잎 아래 토란잎에 내리는 비 토란잎 아래 고춧잎에 내리는 비 고춧잎 아래 고추에 내리는 비 고추 끝 도르르 말아 똑 또르르 떨어지는 비 제가 판 구멍 자꾸자꾸 파가며 떨어지는 비 마음속 깊이깊이 후벼가는 빗소리.

언제 나도 한번 그냥저냥 저리 굴러 내릴 날 있을까 그렁그렁 맺혔다 비유도 없이 회한도 없이 떨어지는 빗소리였던 날 있었을까 하늘 가득 물 머금은 먹먹한 빛 빛의 고갱이요 물의 알갱이인 비, 저 빗소리 한량없는 리듬일 날 있을까.

새벽별

초부리 시첩 4

텟줄도 못 끊고 간
내 동생 봐야겠다.

보릿고개 쉰 감자 먹다
숨넘어간 어린 동생들 봐야겠다.

울고 있니, 울고 있는 거니
눈물 초롱초롱 새벽별들아.

자작나무
초부리 시첩 5

튼실하게 집 지은 별자리 사그라지고
샛별만 겨우 남아 더 휑한 새벽하늘.
희붐하게 터오는 먼동에 드러나는
듬성듬성 눈 덮인 겨울 산야.
매끈하게 잘 빠진 저 자작나무 종아리들.

가도 가도 하얗게 막막한 러시아 설원.
자작나무 처녀림 그 미끈한 아랫도리에 쏟아내는
뜨거운 오줌발, 절로 굵어지는데
아, 수피(樹皮) 겹겹 피나게 벗겨가며 백옥처럼 더 환해져가던
그때, 그 러시아 자작나무 눈부신 처녀들.

온갖 귀신 이야기들 문풍지 매섭게 때리는 유년의 겨울밤.
해 떠오르면 꿈도 두려움도 가웃가웃 함께 날려 보내던 가오리연
연줄 끊어져 눈 시린 빛살 되어 날아갔던 그때 그 연, 연줄들.

그 처녀, 그 연들 눈의 요정 되어
오늘은 초부리 겨울 저 자작나무로 희디희게 서 있는 것인가.

풀벌레 소리
초부리 시첩 3

모터보트 타고 아마존 강 지류 거슬러 올라
밀림 속 한밤중 엔진 끄고 듣는 풀벌레 소리 여행.
주먹만 한 벌레 소리에 첨벙첨벙 강물로
뛰어내리는 샛노란 별, 별빛들.

찌르르 감전된 마음 여직 먼 나라 원시림 헤매는데……

입추 지난 마른장마 사이사이 서서 우는 풀벌레 소리
망초 꽃도 다 진 초부리 묵정밭 가득 떠메고 가네.
우주 속으로 티끌, 티끌 나를 숫제 떠메고 가네.

고라니

초부리 시첩 2

꿩이 와서 한참을 놀다 가는 묵정밭.
장끼 까투리 더불어 내려와 꿩, 꿩 목청 높이면
뱁새들 화들짝 놀라 날아오르는 산 밑 버려진 망초밭.

달맞이꽃 피어 망초 꽃도 왁자지껄 피어오르는데
웬 짐승 한 마리 가만가만 망초 꽃 흔드네.
살금살금 꿩 사냥하는 들고양인가 한참을 바라보니
망초 꽃밭에 숨은 달맞이꽃 노란 귀가 큰 고라니네.

울 엄니 소싯적 아재들이 잡아 오면
눈이 그리 맑고 서러웠다던 고라니.
아득한 시절 그 눈망울 보고파 망원경 눈에 대니
눈 깜빡할 사이 짙은 녹음 속으로 사라지는 고라니.

매미 울음소리에 망초 꽃 자지러지는 대낮에.

사과 꽃 솎아내며

초부리 시첩 7

초파일 연휴 새벽부터 북적이는 도로 타고 와 과수원에서 사과 꽃 딴다.

사과 꽃 너무 흐드러지게 피어나면 과실이 실하지 않아 제때 솎아내야 하나 일손이 부족하다는 사과 꽃 계절 기별 "나요 나" 재빨리 손 들고 달려와 "복사꽃 능금 꽃이 피는 내 고향…… 새파란 가슴속에 간직한 꿈을 못 잊을 세월 속에 날려 보내리"란 흘러간 노래 흥얼거리면 밀려드는 새파란 그 시절.

바람 가득히 날리는 새콤한 사과 꽃향내……

이젠 솎아내야만 할 아, 아득히 흐드러지던 꽃 시절이여!

행복, 너무 가까워 더 먼 곳
초부리 시첩 8

도회에서 빠져나와 길을 걸었어요.

한 시간 가까이 걸으니 이젠 이미 낯선 풍경 펼쳐지네요.
하늘에선가 떨어지는 폭포수 계곡 따라 흐르네요.
그 폭포수 물안개로 피어오르는 계곡을 사람들 따라 올라갔지요.
다 올라가니 아, 별유천지비인간(別有天地非人間)*
오솔길 맞춤한 거리 작은 마을들 올망졸망 펼쳐지고
가벼운 짐 머리에 이고 등에 진 어른들 바쁠 것 없이 오가고
아이들 개울에선 헤엄치고 비탈 풀밭에선 엉덩이 썰매 타고
도심에서 한 시간도 채 벗어나지 않았는데
피어오르는 물빛 어린 낮 꿈속 풍광에
그만 왈칵, 눈물 나네요.

어린 아들 손잡고 처음 말 배우듯 '행복'이란 말 되뇌며 살고 싶은 곳.

우린 지금 이런 풍경에서 너무 멀리 떠나왔나요.
한 시간도 채 안 되는 그런 거리를요.

---

* 이백(李白)의 시 「산중문답(山中問答)」 중.

자귀나무 꽃
초부리 시첩 10

허름한 빌라와 공장들이 들어선 동구 밖 실개천 여울목 둔덕 자귀나무 꽃 피고 있다.

고생대 양치식물 짙푸른 이파리 꽃받침도 없이 꽃잎도 없이 암술 수술 알몸으로 꽃 피고 있다 초여름 바다 항해하는 아라비아 왕자와 공주 실크빛 실오라기 오라기 로망이 피어나고 있다.

고교 교정 푸른 잔디밭에 서 있던 자귀나무 해맑은 햇살 아래 연신 물을 뿜어대던 스프링클러 무지갯빛으로 피어오르던 자귀나무 꽃 설익은 그리움…… 먼 먼 바다에서 들려오던 해조음(海潮音).

오늘은 폐수 흐르는 동구 밖 실개천 여울목 자귀나무 꽃 피어 다 낡아 거덜 난 낭만 창고 뒤척이게 하는가.

칡덩굴 순 따 씹으며
초부리 시첩 11

다 떨어져가는 이빨로
울울창창 뻗어가는 칡덩굴
여린 순을 따 씹는다

쌉쌀하게 번지는 초근목피(草根木皮)
그 시절 그 허기 뻐꾹,
뻐꾸기 울음에 보리 모개 익어가는데

여직도 철없던 시절, 그 순정에
허기진 이 나이

씁쓸하다.

새털구름 하얀 꽃세상
초부리 시첩 12

숨죽여 피어오르던 자줏빛 모란꽃 지고
이제 하얀 찔레꽃 와르르 피어오르네요.
찔레꽃 위 짙은 나뭇잎 위에
하얀 후박나무 꽃 피어오르고요.

오월은 하얀 꽃세상이네요.
뭇새 소리로 흩어지는 아카시아 꽃향기
층층이 층층이 새털구름이네요.

서대마을에서 1
서대마을에서 2
차에서 사는 사람
제부도
봐라 달이 뒤를 쫓는다
아침고요수목원—염소방목장
아침고요수목원—목화
아침고요수목원—달개비
아침고요수목원—가뭄
아침고요수목원—홍매

이윤학

충청남도 홍성에서 태어나 1990년 『한국일보』로 등단했다. 시집으로 『먼지의 집』, 『붉은 열매를 가진 적이 있다』, 『나를 위해 울어주는 버드나무』, 『아픈 곳에 자꾸 손이 간다』, 『꽃 막대기와 꽃뱀과 소녀와』, 『그림자를 마신다』, 『너는 어디에도 없고 언제나 있다』, 『나를 울렸다』가 있다. 김수영문학상을 수상했다.

서대마을에서 1

백 년을 넘긴 대추나무가
서쪽으로 기우는 달밤입니다
수평으로 퍼지다 직각으로 올라간
얼마 되지 않은 대추나무가지에도
이른 메밀꽃처럼 꽃이 핀 달밤입니다
훤히 뚫린 개집 안 더 아픈 강아지가
끈질기게 앓는 강아지의 등에 바짝 붙어
흰 털을 핥으며 실눈을 빗뜨는 달밤입니다

서대마을에서 2

밤꽃이 떨어져 까맣게 널린 마당을 어둠이
서둘러 덮으러 온다 장맛비가 맨땅을 타작하다
멈춘 사이 축령산 산등성이에 안개비가 내린다
밤나무에 맺힌 빗방울이 마저 떨어져 지렁이가
기어간 마당 자갈들이 들썩거린다 밤꽃이 떨어져
까맣게 널린 마당을 어둠이 서둘러 덮으러 온다
삐뚜름한 걸음걸이로 주먹 하나 등 뒤로 틀어쥐고
언덕길 올라온 노인은 부르르 떨면서 대롱거리는
마루의 백열등을 켜고 원두막을 향해 누워
구시렁거린다 헛간에 웅덩이를 파고 들어앉은 털이
억세진 개는 눈에 불을 켜고 묶인 몸을 뒤척인다

차에서 사는 사람

뒤축이 짜부라든 봉고차가 연인산 등산로 입구
수돗가에 똥짜바리를 들이대고 멈춰 섰다
뒷문을 올려둔 채 여자는 설거지를 하고
꽁지머리 남자는 벚나무 간격에 줄을 묶고
구겨진 침낭과 하트 무늬 수면 잠옷
두 벌을 털어 널었다

남자가 등받이 벤치에 앉아 하모니카를 불었다
중국집 배달 오토바이가 등산로 입구에 멈추고
바닥의 단풍이 일어나 남자의 선글라스에 붙었다
세제를 묻히고 와 남자의 가랑이에서
한뎃잠을 자는 애완견, 입을 틀어막은
남자의 밭은기침에 놀라 눈을 떴다
무릎에 하모니카 구멍을 쳐
침을 빼내는 소리에 놀라
고개를 틀었다

석유 버너 위에서 압력밥솥 꼭지가 돌았다
봉고차로 걸어간 남자가 자바라 TV 박스를 열어젖혔다
약봉지를 뒤져 한입 되게 털어 넣었다
수돗물이 쏟아져 나왔다 부분틀니를 빼놓고
철제 침대에 누운 남자의 숨이 코로 들락거렸다

가을의 공원, 지금 그 사람 이름은 잊었지만
벚나무 낙엽은 군만두처럼 굴러다녔다
카오디오의 노래가 바람에 휘청거렸다
누레진 속옷을 치대는 여자의 손등이
한없이 늙어 보였다

새싹이 돋아나 스텐 냄비를 지지는 석유 버너
여자는 김치찌개 냄새를 뿜어내는 석유 버너
시퍼런 불꽃 위에 건조대를 펴 속옷과 수면
양말 몇 켤레를 말렸다

내일을 산 것 같은 얼굴들이 밥을 먹었다

제부도
百合과 白蛤의 해변

라면을 끓이는 주인에게 물었다
주인은 면발을 감아 김을 불었다
안에서 익으나 바깥에서 익으나
그것이 그것 소화되는 데는
아무런 지장이 없었다

주인에게 물때를 물었다
주인은 대답하지 않았다
대신 라면 국물을 뿌렸다

니글니글한 기름기가
오래된 콘크리트 바닥을 코팅했다
노을이 다녀갔고
구불구불한 해송 숲으로
나가던 오솔길은 적막했다

백합에 코를 대고
여자가 해변에서 중얼거렸다
해풍에 귀를 대고
여자의 말을 이어 들었다

갯고랑을 타고 내려가다 번진 민물에서

반사된 달빛들로 백합의 속살을 채웠다
해변 가까이 백합 껍질을 집어 던지던 여자는
허름한 민박 같은 펜션으로 돌아오지 않았다

백합 국물에 라면을 끓이던 주인이 물었다
졸아든 백합 국물에서
코르크 타는 냄새가 풍겼다

서치라이트를 비추는
달의 각도는 고정되어 있었다
그 길에서 낮은 키 개량종 해바라기
식탁보를 움켜쥐었다

밀물의 끝과 끝의 가운데
봉분의 느낌이 밀려들었다

봐라 달이 뒤를 쫓는다*

양파망을 뒤집어쓴 수수들이 늘어진 북한강 변을 돌자
비 가림 포도밭이었다 전원주택 단지 분양 플래카드
가로등과 수제 막국숫집 간판 기둥을 잡고 구멍 세 개로 토시를 끼고
절개지(切開地) 아래 모래흙을 길어 사금(砂金) 패닝 접시를 돌리고 있었다
이 사람아, 이 사람들아, 왜 공원묘지로 가는 디딤돌에 철퍼덕 앉은 것인가
이 사람아, 여기가 정원으로 가는 초입이라네 내세의 정원은 낮달을 매달고
남향으로 석축을 쌓아 달빛을 기와지붕으로 걸린다네 저 용마루를 보시게나
까마귀가 긁은 福 자가 어떤 미로보다 아름답지 않은가 까—마귀들이 날아간 미로가
밤이 되면 금광의 갱도로 변한다네 아버지들은 무너진 갱도에서 나와 술 취해 돌아오고
낮달이 지나간 길에는 간드레 불이 흔들린다네 여전히 낮달이 지나간 길을 달린다네

머플러에서 불씨가 떨어지는 81년産 할리데이비슨, 오늘밤에는 절벽이 없는

* 마루야마 겐지의 소설.

백 년 후 메타세쿼이아 가로수 길로 우리를 데려가주게
아침고요수목원 골짜기에 일인용 텐트를 치고 뻐드러지게
포개지는 잠을 자고 싶네 서리 맞은 달맞이꽃 흠향(歆饗)하고 싶네

아침고요수목원

염소방목장

사료 도둑 까마귀 한 마리가 수유실에 들어갔다
새끼염소 두 마리는 눈을 뜨고 있었다
까마귀는 새끼염소 눈을 파먹었다
까마귀 몇 마리가 수유실로 들어가
쓰러진 새끼염소 항문을 통해
식지 않은 내장을 파먹었다

하루해가 가기 전에 대사집*에서 돌아온 주인은
새끼염소를 오동나무 밑에 파묻었다 다음 날부터
염소방목장 오동나무가지에 목 매달린 까마귀들이
열리기 시작했다

까치 한 마리가 꽃 피고 잎 나는
오동나무를 바라보는 동안 마지막 사료 도둑
까마귀 두 마리가 염소방목장으로 날아들었다

어미 울음이 잦아든 한낮이었다
젖을 뗀 새끼들이 어미 뒤를 따라
황토 먼지를 피워 올렸다 곡풍(谷風)이 불어와

---

* 잔칫집의 충청도 방언.

짧은 꼬리 흔들리는 울음소리와 분봉(分蜂)하는
황토 먼지들을 산등성이로 밀어붙였다

아침고요수목원

목화

소파 테이블의 목화 두 송이를 손아귀에 나눠 쥐고
저울을 맞추고 있으면 눈보라 치는 골목의 커브길
볼록거울을 돌아 오는 당신의 발소리가 커지고
태양광 정원등이 켜지고 목조 계단 앞에 이르러
안에 짚을 깐 장화를 털어내는 소리가 들렸지요

첫 꽃을 피운 자두 한 발 앞에 두둑을 만들고
목화씨를 묻은 날부터 발소리를 숨기고
조종천이 피운 물안개와 그때는 가혹했던
당신이 한 말들을 삼켰지요

금방 지는 줄 몰랐던 목화가 피고 졌지요
광목 앞치마에 목화를 따 오는 당신의 집
노을이 다녀가는 마당에서 때끼*들이
흰 모가지 급소를 내놓고 울어댔지요

---

* 거위의 충청도 방언.

아침고요수목원
달개비

무릎 수술을 한 여자가 대야를 이고 언덕을 올랐다 고구마 순이 물 먹은 밭고랑으로 굴렀다 그 여자를 따라간 경운기 바퀴 고랑에 질경이 꽃이 씨를 받았다 그녀의 목줄기를 물어뜯은 기침소리 들렸다 참나무가지에서 꽈지는 꾀꼬리 둥지 높아지지 않았다 목매달아 죽은 105세 노모를 잊은 남자가 중탕 찌꺼기를 묵정밭에 내고 손뼉을 쳐 까마귀를 쫓았다 호미를 들고 회화나무 밑동 둘레 달개비 뿌리를 캐내던 노모는 아랫집에 사는 둘째 아들 내외를 외면했다 달개비를 캐낸 자리에 뗏장을 입히고 밟았다 달개비들이 뗏장을 열고 나왔다 빗물 고인 풀장의 하늘은 수술 없이 파랬다

아침고요수목원

가뭄

물똥을 싸는 염소에게 우유병을 물린 남자가 파리채를 들어 염소에게 앉은 파리를 절도 있게 내리친다 방금 방목장에서 데려온 이 녀석은 어미도 기진맥진해설라무니 엎드려 울 힘도 없더라구 그래도 우유병을 물리니 고개를 조금 들더라구 우유병을 물려 키운 염소들은 사람에게 다가와 다리를 치받고 가슴께로 뛰어오른다 목에 표식줄을 묶은 녀석들은 그늘의 풀을 뜯고 뒷다리를 들어 가려운 곳을 발톱으로 긁는다 파리들도 그중 아픈 녀석에게 집중적으로 끼더라구 움직임이 없어야 구더기를 까놓기 좋은 모양이지 염소가 우유를 다 빨고 그늘에 머리를 붙이고 눕는다 숨 쉬는 간격이 빨라지더니 이제는 울음소리도 새어 나온다 남자는 일어서려고 바동거리는 염소의 배 밑에 손바닥을 넣어 살짝 들어준다 꼬리를 흔들며 일어난 염소가 네발로 버팅겨 서서 후들거린다 간신히 꽃게 알이 슨 동공 끝 우물에서 나와 어디로 갈지 모르면서 잔디 잎들을 비벼 말린 불볕의 풀밭으로 걸음을 뗀다

아침고요수목원
홍매

강냉이 뻥튀기를 오물거리는 입이 한나절은 실룩거렸다
주차장 등받이 벤치에 드러누워 잠이 든
그녀의 실펑크 난 숨소리가 퍼져나갔다
보도블록에 낀 풀의 둘레로 한 조각씩 퍼즐을 맞춘
헐렁한 그늘을 지우고 새들이 날아갔다
붉은 립스틱이 지워진 그녀의 입술이 벌어져 떨렸다
축령산을 넘어간 태양이 생나무 목책에 갇혀 있었다
어금니 백금이 잘게 씹은 침이 흘렀다
실룩거리는 입에서 강냉이 냄새 나는 주문이 흘러나와
벙근 홍매를 퍼뜨렸다 두 손으로 턱을 받친 그녀는
얽은 홍매를 노을의 후광으로 남겨두었다 그녀의
핸드폰 진동은 태양광 수목등이 밝혀주었다

비평

장소, 기억, 존재

이만영 문학평론가

"프라하는 우리를 놓아주지 않을걸세."

-프란츠 카프카

1

그 어느 곳도 자유롭게 유동할 수 없었던 시대를 그려본 적이 있는가. 이를테면 비행기도 없고, 기차도 없으며, 자동차조차 없는, 그래서 대부분의 사람들이 한 장소에서 삶의 시작과 끝을 맞이해야 하는 그러한 '비-유동'의 시대. 그러한 시대에서 하나의 장소란, 개인의 삶 전체에 대한 기억을 고스란히 응축한 그 무엇임에 틀림없다. 마을 어딘가에 오롯하게 서 있는 한 그루 나무나 마을 한 귀퉁이에 틀어박힌 작은 공터 등등. 이는 누군가의 유년 기억을 통째로 머금은 기억의 저장소 혹은 누군가의 삶 전체를 품은 온기 있는 장소쯤으로 간주될 것이다.

이 장소에서 저 장소로의 횡단이 자유로운 지금, 우리는 장소가 가졌던 고유한 특질들이 점차 소실되는 광경을 목격하고 있다. 우리는 새로운 도시의 거리를 마음껏 배회하고는 있지만, 그 거리 위에 우뚝 솟아 있는 건물들은 우리네 삶의 기억들을 내장하기에는 너무도 짧은 생명력을 가졌다. 더군다나 우리가 배회하는 이 장소와 저 장소는 서로가 너무도 닮아 있다는 점에서, 그저 복제된 공간과 다를 바 없는 등질화되고 무차별화된 곳일 뿐이다. 이 장소는, 그러니까, 인간적인 가치들이 소생할 수 없는 영도(零度)의 장소라 일컬을 만하다.

하지만 우리가 서 있는 이곳이 온기 있는 장소이든 영도의 장소이든, 우리는 애증이 교차하는 이 장소에서 어쨌든 삶을 영위해나가야 한다. 프라하라는 도시 공간에 철저하게 결박된 삶을 살았던 카프카, 그는 바로 장소가 가진 실존적 의미를 확인하기 위한 좋은 모델이다. 한때 프라하라는 곳을 떠나 보헤미안의 삶을 동경하기도 했던 카프카. 그러나 그에게 프라하는 태어나면서부터 죽을 때까지 거의 '갇혀 있듯' 생활해야만 했던 환멸의 장소이다. 카프카가 친구에게 "프라하는 우리를 놓아주지 않을걸세"라고 얘기한 것도, '애(愛)'와 '증(憎)'이 교차하는 그 장소로부터 인간 존재가 결코 자유로울 수 없다는 점을 강조하기 위해서였다.

여기에 실린 여섯 작가의 글은 경직되고 얼어붙어버린 경기도라는 장소의 불온성을 비판하거나 그 안에서 흘러넘치는 인간적 정감을 따뜻한 시선으로 포획하기 위한 하나의 기획의 소산이라고도 볼 수 있다. 여섯 작가가 그려낸 경기도는 도시적인 특성과 비도시적인 특성들이 교차하고 충돌하는 특수성의 공간이다. 이를테면 영세 자영업자가 생존과 몰락을 반복하면서도 마음속에 반짝이는 희망을 안고 살아가는 공간(김태형), 함구할 수밖에 없었던 타자의 목소리를 발견함으로써 타자의 '민얼굴'을 발견하는 공간(박생강), '싱아'와 '홑잎나물'을 채취할 수 있는 비도시적인 공간(이상권), 어머니에 대한 과거의 기억을 추억하거나 자신의 문학관을 세우는 미래의 꿈을 머금은 공간(이우중), '턱거리'와 같이 사라져버린 역사적 기억들을 소환하고 이들의 변두리적 삶을 재생하는 공간(황영경) 등이 바로 그것이다. 작가들이 던져준 여러 유형의 서사는 경기도라는 장소의 현재성과 특수성을 파악하는 데 중요한 관점들을 던져줄 것이다.

2

마르크스는 『자본론』 1권에서 기계화와 산업화가 일종의 '비상사태'와도 같은 격렬한 침범을 야기했다고 말한 바 있다. 이 '비상사태'란 기실 이러한 것을 두고 한 말일 것이다. 모든 인간적 가치가 휘발되어버린 그 자리를, 돈으로 모든 것을 환산하려는 계산적 욕망이 순식간에 메워버리는 사태. 이러한 사태에 갇힌 한, 우리는 재화를 획득하기 위한 치열한 경쟁의 압력 속에서 결코 자유로울 수 없고, 사라지는 것들에 대한 예우보다는 새로운 것들에 대한 찬탄에 더 집중할 수밖에 없다. 물론, 모든 것이 새로 건립되기를 반복한다는 점에서 근대의 공간은 분명 생명력 넘치는 공간처럼 보이는 것도 사실이다. 하지만 그 과잉된 생명력 이면에 창궐하는 죽음과 도태의 실상 또한 결코 무시되어서는 안 된다. 사회가 번창하는 만큼 그 사회가 와해되고 있다는 사실, 바로 그 사실을 기억하지 않는 한 우리는 마르크스가 얘기한 그 '비상사태'에 대한 그 어떠한 반성적 성찰도 못한 채 살아갈 수밖에 없을 것이다.

바로 그런 점에서 김태형의 시선은 주목할 만하다. 그는 영세 자영업자의 흥망(興亡)의 이야기를 통해, 배제되고 소실되는 그들의 삶의 애환을 그려내고자 한다. 노점상에 불과했던 자그마한 왕김말이 분식집이 성공하는 서사에서부터, 엄마는 음식을 만들고 다운증후군을 앓는 아들이 종업원으로 일하는 영세 자영업자의 서사에 이르기까지, 그가 다루는 자영업자 이야기는 근대의 소용돌이 속에서 어떻게든 삶을 영위해가야만 하는 인간의 슬프면서도 숭고한 의지들을 담아내고 있다. 그가 주목하는 자영업자들은 주로 홀로 혹은 가족 단위로 사업을 꾸려가는데, 그들은 “그냥 가지고 있는 거 지키기만 해도 성공”한다는 인식을 가지고 겨우 삶을 영위해간다. 실패할 가능성이 높다는 사실을 알면서도 “영세 자영업자가 되지 않을 도리”가 없는 그들은, 그야말로 치열한 경쟁의 극점에 내몰렸다고 해도 과언이 아니다. 이러한 비루한 삶의 현실 속에서도 김태형은 그들이 느끼는 소소한 행복을 자신의 작품 속에 세세하게 기입한다. 이를테면 「이모가 있는 밥집」에서는 다섯 살 때부터 소아마비를 앓아 두 발로 걷지 못하는 영세 자영업자가 두 발로 걸어본 기억만으로도 행복함을 느끼는 이야기를 담고 있거니와, 「슬픈 식당」에서는 아직 개발되지 않은 ‘화서동’에서 어렵게나마 일식집을 운영하며 삶을 영위하는 모자(母子)의 모습을 그려내고 있다. 이렇듯 작가는 그저 불확실한 미래를 꿈꿀 수밖에 없는 처연한 현실을 발견하는 것에 멈추지 않는다. 그 냉랭한 현실 속에서 소소한 행복을 찾고, 이 불온한 세계를 끈기 있게 버텨나가는 인간에 대한 따뜻한 예찬이 작가의 글 속에 온전히 녹아 있다.

이처럼 김태형이 흥망의 연쇄 속에서 자신의 목소리를 잃어가는 영세 자영업자의 일상을 담아냈다면, 이상권은 도시화가 진행되면서 점차 사라져가는 우리의 먹을거리들을 회상하고 ‘발굴’해내는 데 주력하고자 한다. 이상권이 발굴한 두 가지의 먹을거리는 바로 ‘싱아’와 ‘홑잎나물’이다. 먼저 「여자들이 좋아했던 싱앗국」에서 ‘싱아’는 “시골에서는 볼 수도 없”지만 ‘도시 근처’에서는 발견되는 것으로 그려진다. 그것은 도시도 시골도 아닌 ‘도시 근처’, 즉 도시와 시골이 맞닿은 경계 지점에서 발견되는 것이다. 이러한 서사적 감각은 도시성과 비도시성이 혼종된 경기도의 장소적 특질을 드러내기 위해 마련된 것처럼 보인다. 작가는 단순히 장소적 특질에만 주목하지 않고, 인간적 가치의 복원이라는 측면에서 ‘싱아’와 관련된 서사를 주조해낸다. ‘나’의 어머니는 말기 암으로 오래 못 사는 황씨의 친정어머니에게 좀처럼 찾아보기 어려운 싱앗국을 대접함으로써, “힘들었던 시절에 먹었던 구수한 신맛”을 떠올리게 만든다. 이는 곧 죽고 없어질 그녀에게 과거의 잊힌 기억들을 상기시켰다는 점에서, 인간 존재에 대한 작가의 시선이 얼마나 따뜻한지를 발견케 하는 대목이다. 또한 「시 낭송 뒤에 먹는 홑잎나물밥」에서 홑잎나물밥은 아랫집에 사는 할아버지, 할머니가 대접해준 것이다. 여기에서 홑잎나물이 자라는 공간이 "우리 집 뒤쪽 산비탈 무덤가"로 설정되었다는 사실에 주목할 필요가 있다. 공교롭게도 「여자들이 좋아했던 싱앗국」에서 싱아를 발견한 장소도 "집 뒤쪽 산비탈에 있는 무덤가"로 설정되어 있다. 이처럼 누군가가 사라지고 소멸한 무덤에서 싱아와 홑잎나물같이 잊힌 먹을거리들이 오롯하게 솟아나고 있는 것이다. 이는 소멸의 장소에서 도리어 새로운 생명이 싹틀 수 있다는 작가의 온기 어린 목소리를 담고 있다. 작가는 싱아와 홑잎나물같이 사라져가는 식물들에 관해 이야기하면서, '소멸과 생성의 변증법'이라는 철학적 사유의 깊이를 보여준다. 이를 통해 잊히고 사라져가는 것들에 대한 작가의 윤리적 성찰이, 결코 과장되지 않은 방식으로 드러나는 것이다.

사라져가는 숭고한 기억을 붙들고, 이를 통해 무너져가는 인간적 가치를 복원하겠다는 의지는 이우중의 작품에서도 읽어낼 수 있다. 「어머니와 옥수수 광주리」는 옥수수를 농사지어 오남매를 키워낸 어머니의 이야기를 담고 있는데, 옥수수를 통해 가난을 극복할 수 있었던 '나'는 어머니가 하늘로 가신 지 팔 년째 되는 해에 버려진 텃밭에 옥수수를 키우기 시작한다. 가뭄이 진 척박한 상황 속에서도 정성을 다해 옥수수를 키우는 일에 열중하며 결국 집착하는 '나'의 행위는, 가난을 극복하기 위해 고군분투했던 어머니의 서사를 온전히 기억하고 기념하겠다는 작가의 의지를 응축한 것에 다름 아니다. 즉, 옥수수를 키우는 행위는 곧 잊힌 어머니에 관한 기억을 소환하고 이를 추억하는 제의적 행위로 읽을 수 있다는 말이다.

이처럼 김태형·이상권·이우중의 작품은 근대의 압력 속에서 우리가 잃어버린 것이 무엇인지를 묵직하게 일깨워준다. 이들은 몰락해가는 자영업자들의 목소리를 들려주는 방식으로, 혹은 잊힌 먹을거리를 독자들 앞에 차려놓음으로써 소멸되는 것들에 대한 인간적 예우를 갖추는 방식으로, 혹은 어머니가 겪었던 고통의 역사를 추억하고 제의하는 방식으로, 상실된 인간적 가치를 새롭게 정립해야 한다는 윤리적인 목소리를 우리에게 담담하게 들려준다.

3

앞선 세 작가가 잃어버린 가치의 복원을 통해 따스한 공동체의 귀환을 도모하는 데 초점을 맞추고 있다면, 유다정·박생강·황영경은 신화와 역사를 차용하여 작가의 상상력을 최대한으로 확장시키는 데 초점을 맞추고 있다. 먼저 유다정은 도깨비나 용(龍)같이 우리 민족의 기억 속에 깊이 각인된 대상들을 서사의 대상으로 설정한다. 「깨비의 열돌 잔치」는 아들의 열 번째 생일잔치를 위해 나팔과 장구와 꽹과리를 인간 세계에서 가져오는 도깨비 부부의 서사를 다룬다. 이들은 잔치를 벌이면서 "세상에서 가장 행복한 얼굴"을 한 인간의 형상을 목격하고, 자신의 아들 또한 그 행복한 얼굴을 지을 수 있도록 나팔과 장구와 꽹과리를 인간 세계에서 가져온다. 여기서 주목할 것은, 도깨비 부부가 인간세계의 잔치에서 느꼈던 강렬한 생의 의지와 열정이다. 그들은 고단하고 비루한 삶 속에서도 생에 대한 열렬한 긍정을 끝까지 고수하고자 하는 인간적 의지를 읽어낸 것인데, 이를 통해 우리는 삶에 대한 존재론적 성찰, 즉 작가가 삶에 대한 회의보다는 긍정 쪽에 좀 더 밀착되어 있음을 확인할 수 있다. 「푸른 용과 북소리」는 작가의 그러한 시선을 보다 잘 드러내는 작품으로, '법고'에 그려진 용에 관한 이야기이다. 하늘의 법을 어겨 '동이'를 살리려고 분

투하는 '꼬르'는 프로메테우스의 형상과 유사하다. 인간에게 불을 선사함으로써 독수리에게 간을 쪼여 먹히는 영원한 형벌 속에 갇힌 프로메테우스. 그의 형상은 많은 서사들에서 '법-위반'의 상상력을 제공해주는 젖줄 역할을 해왔다. 꼬르 또한 이러한 형상의 한국적 변주이자 재창조임에 틀림없다. 법고의 소리가 중생을 구제하는 소리인 점을 감안한다면, 하늘의 법을 위반하면서까지 인간을 살리고자 했던 꼬르의 태도는 결국 고통 속에서 신음하는 자들에게 생의 의지를 불어넣는 행위와 동일한 맥락에서 해석될 수 있다. 이러한 점을 볼 때, 작가가 보여주는 신화적 상상력은 인간의 삶을 치유하는 힘을 내포하고 있다. 그가 보여준 서사들은 신산스러운 삶 속에서도 인간들이 역동적인 의지를 가질 수 있다는 신념을 보여준다. 도깨비는 그러한 인간의 역동성을 모방하고자 했던 것이며, 용과 같은 초월적 존재는 인간의 구제를 위해 하늘의 법을 위반하고자 했던 것이다. 고로 작가가 그려낸 서사는 신에 관한 이야기이면서 인간에 관한 이야기라 할 수 있다.

한편 박생강과 황영경의 작품은 사적인 역사와 공적인 역사를 자유롭게 활용하면서 기품 있는 서사의 윤리를 체현해내는 데 성공하고 있다. 박생강의 「언니의 강가, 두물머리」는 파주 금촌에 사는 예순 넘은 할머니의 이야기를 담고 있는데, 그녀는 '영애 언니'에 관한 꿈을 꾼 것을 계기로 영애 언니가 살았던 두물머리에 찾아가게 된다. 작품이 나름의 소설적 성취를 이룬다고 판단하는 이유는 두물머리라는 공간의 형상화 때문이다. 두물머리는 "강과 강이 만나는 곳", 즉 남한강과 북한강이 만나는 곳이다. 이 공간에 당도한 그녀가 그간 몰랐던 영애 언니의 아픈 상흔을 비로소 인지하게 된다는 설정은, 다분히 소설적인 것임에 틀림없다. 그녀가 영애 언니의 고통을 처음으로 알고 이해하는 장소, 그러니까 나와 타자가 '민얼굴'을 마주하는 장소는, 살아 있는 그녀와 죽은 영애 언니가 만나는 타자성의 장소이다.

이 작품이 그녀와 '영애 언니'의 사적인 역사에 대한 관심으로부터 출발했다면, 「언덕에서 용 나다」는 공적인 역사를 머금은 '남한산성'을 통해 삶에 대한 작가의 깊이 있는 통찰을 보여준다. "언덕의 도시" 성남에서 태어나서 자란 '나(산들)'는 대학 입시 면접 때 제대로 답변을 못하고 우울한 나날을 보내고 있다. 엄마와 함께 남한산성에 오른 '나'는 자신이 면접 때 제대로 답변하지 못한 것에 대해 푸념하지만, 엄마는 "세상은 정답 노트가 아니라 마법의 오답 노트 같은 거야. 분명 정답이라고 생각해서 답을 적었는데 그 답이 갑자기 오답으로 변한단다"라고 말한다. 즉, 인간은 복지라는 사회적 장치를 통해서가 아니라 자기 스스로 노력해서 무언가를 얻어야 한다는 '나'에게, 엄마는 아무리 노력해도 성공할 수 없는 것이 곧 인생이라는 답을 던져준 셈이다. 바로 이 시점에 '나'는 다음과 같은 사실을 깨닫는다. "남한산성에서 인조 임금의 패배를 되돌릴 수 없는 것처럼. 그저 엄마의 말대로 패배에서 배울 수 있을 따름이었다." 잘 알려졌다시피, 남한산성은 외적에게 패배한 역사를 머금고 있다. 남한산성에서 패배의 역사를 반성함으로써 현재의 역사가 올바르게 구축될 수 있는 것처럼, 면접에서의 실패를 부단히 반성함으로써 '나'라는 존재가 삶을 온전하게 영위할 수 있다는 것. 그리고 우리의 공적 역사가 패배의 연속이었던 것처럼 인생이란 오답의 연속일 수 있다는 것. 이러한 패배와 오답의 끊임없는 반복 속에서도 어떻게든 최선의 답을 찾아야만 하는 것이 바로 인생이라는 것. '나'는 엄마와의 대화를 통해서 바로 그러한 사실을 깨닫는다. 소설에서 이제 막 대학생이 되려는 '나'는 바로 입사의 첫 단계, 즉 정답이 아니라 오답을 끊임없이 제출해야 하는 삶의 첫 단계에 서 있다. 이처럼 작품은 과거의 과오('남한산성'의 역사)를 깨닫고 더 나은 미래의 역사를 구축해나가는 것처럼, 인간사도 마땅히 그래야 한다는 작가의 심도 있고 묵직한 통찰을 잘 보여준다.

황영경의 「턱거리로 간 수지 이모」와 「헛발」은 각각 한국 현대사의 얼룩처럼 남은 '텍거리' 문제와 황희 정승에 관한 역사적 사실이 서사의 중요한 모티프로 활용되고 있다.「텍거리로 간 수지 이모」는 미군의 접대부로 살아왔지만 한국과 미국 어느 곳에서도 뿌리를 정착하지 못하고 '바람' 같이 살아온 한 여인의 불행한 삶을 다룬다. '나(차희)'는 주말마다 동두천 답사를 간다. 그 이유는 치매에 걸린 수지 이모의 '텍거리'라는 말 때문. 텍거리의 삶을 살아온 수지 이모가 치매에 걸렸다는 것은, 그만큼 텍거리에 대한 과거의 기억을 더 이상 증언할 만한 능력조차 없다는 것을 의미한다. 어설프게나마 겨우 '텍거리'라는 단어만을 발화할 수 있다는 점에서, 그녀는 자기 삶의 역사를 통째로 소실당한 (비)존재이다. 게다가 미군 부대는 어떠한가. "동두천 사람들의 돈줄이었던 미군 부대가 이제는 동두천의 발전을 가로막는 눈엣가시"가 된 상태여서, 미군 부대 주변을 배회하면서 자신의 몸을 팔았던 '텍거리'는 이제 과거의 화석화된 유물로 남을 위기에 처했다. 이처럼 '텍거리'는 한 개인에게 있어서는 더 이상 기억되거나 발화될 수 없는 침묵의 언어이자, 우리 역사에 있어서는 은폐되거나 삭제되어야 할 부정적인 얼룩처럼 간주된다. 작가는 이러한 '텍거리'의 삶을 단순히 르포 형식으로 그려내지 않는다. 오히려 작품은 변방의 삶을 살아갈 수밖에 없었던 한 여인의 실존에 대한 고투의 흔적을 고스란히 담고 있다. '엔조이'를 외치면서 살아왔지만 정작 자신은 '엔조이' 한 삶을 살지 못했던 존재, "뫼르소의 어머니처럼 자식에게 철저히 타인화된 존재", "내 본질을 캐내면 그건 아마, 한 자락 바람일 것"이라고 말할 수밖에 없는 존재. 이 작품은 한국 현대사를 온몸으로 관통했으면서도, 역사라는 공적 기억으로부터 배제된 유령 같은 존재를 재현의 대상으로 호출한다. 그리하여 미처 기입되지 않은 역사의 빈 공란들을, 한 여인의 삶을 소설적으로 재현함으로써 하나하나 채워나가고자 했던 것이다.

배제된 존재들에 대한 작가의 관심은「헛발」에서도 두드러지게 나타난다. 이 소설은 광수와 정이 누나가 소설의 화자로 등장하는데, 이 중에서 주목해야 할 인물은 광수이다. 광수와 광숙 남매는 '헛발'을 디딘 삶을 살아왔는데, 광수는 아파트 외벽에 도색 작업을 하는 일용직 노동자로 살고 있고, 광수의 누나 광숙은 고교 시절 알 수 없는 이유로 창문 밖으로 떨어진 경험이 있다(서사의 전면에는 드러나지 않았지만, 아마도 광숙은 운철에 의해 창문 밖으로 밀려 떨어진 것으로 추측된다). 광숙과 광수는 그렇게 '헛발'을 디딘 사람들이다. 이 두 사람의 운명과 명확히 다른 삶을 살아가는 존재가 바로 운철이다. 운철은 광숙이 창문에서 떨어졌을 당시 아버지가 군청의 국장이었고, 성인이 되어서도 "현대판 음서 제도"의 혜택을 받아 안정적인 삶을 영위하고 있다. 그러니까 땅 위에 두 발을 안정적으로 딛지 못하고 살아가는 광숙, 광수와 달리 운철은 두 발을 땅 위에 안정적으로 디디면서 너무나도 평온한 삶을 살아가고 있는 것이다. 아버지를 잘 만나서 줄을 잘 탄 운철, 반면에 아버지를 잘못 만나서 진짜 줄을 타는 광수(앞서 말했다시피 광수는 아파트 외벽에 줄을 타며 도색 작업을 한다). 작가는 이들의 서사와 황희 정승의 서사를 병치하여, 이 소설을 통해 말하고자 하는 바를 보다 선명하게 제시한다. 위법 행위를 저지른 아들의 복직을 위해 아흔이 다 된 나이에 친히 어린 임금에게 상소한 황희의 서사와 아버지의 지원을 받지 못하고 계속 '헛발'을 디디며 살아야 했던 광수와 광숙의 서사를 병합하고 교직하면서 작가가 궁극적으로 말하고자 했던 것은, 아마도 작품의 마지막 부분에 제시된 다음과 같은 진술일 것이다. "남의 자식의 자리를 빼앗아 자기 자식에게 주는 아버지, 그런 아버지를 갖지 못해서 우리는 언제까지 불행해야 하는 겁니까." 물론, 작가의 목소리가 작품의 전면에 생경하게 드러난다는 점은 다소 아쉬운 측면이 없지 않다. 그럼에도 불구하고 이 작품은 '헛발'을 딛고 살아가는 사회적 약자들의 목소리를 경청하려는 의지, 예나 지금이나 우리 사회에 횡행하는 '음서'의 관행들을 비판하는 사회적 시각을 모두 견지하고 있다는 점에서 충분히 음미할 만한 가치가 있다.

4

지금까지 다룬 여섯 작가의 글들은 대체로 경기도만의 장소성을 드러내는 데 초점을 맞추고 있는 듯했다. 하지만 일부 작품은 경기도만의 장소성이라고 말하기 무색할 정도로 우리 사회 전체의 문제를 마치 경기도만의 문제인 것처럼 바라보는 경향이 있었고, 또 어떤 작품은 나르시스적 글쓰기에 심취한 것처럼 보이기도 했으며, 지나치게 장소의 아우라에만 신경 쓴 나머지 소재주의에 함몰되어 작품 전체의 서사적 함량을 떨어뜨리는 결과로 이어지기도 했다. 그러한 한계들을 가졌음에도, 이 작품들은 경기도 내에서 벌어지는 역동적이면서도 생생한 삶을 리얼한 필치로 그려내는 데 성공하고 있다. 그 미학적 가치의 경중은 여기 언급된 작품마다 편차가 있을 수 있겠지만, 작품들의 면면에 기록된 우리의 삶에 관한 이야기들은 소실되어버릴지도 모르는 인간적인 가치와 장소에 대한 기억을 고스란히 품고 있고, 또 그 가치와 기억은 앞으로 여섯 작가의 글을 읽는 그 누군가와 계속해서 공유될 것이다. 마지막으로 새로운 실험과 모색의 도정 위에 서 있는 여섯 작가들에게 당부의 말씀을 전하고 글을 마치려 한다. 여기에 실린 글들이 결코 마침표가 되어서는 안 된다는 사실을 부디 기억해주시기를. 앞으로도 자신이 지향하는 장르에 걸맞은 꾸준한 도전과 실험을 지속하여 부디 한국의 문학적 영토를 더욱 풍부하게 만들어주시기를.

식당이 많은 우리 동네
먹고사는 일의 슬픔

김태형

1971년 서울에서 태어나 1992년 『현대시세계』로 등단했다. 시집으로 『로큰롤 헤븐』, 『히말라야시다는 저의 괴로움과 마주한다』, 『코끼리 주파수』, 『고백이라는 장르』, 시선집 『염소와 나와 구름의 문장』, 산문집 『이름이 없는 너를 부를 수 없는 나는』, 『아름다움에 병든 자』, 『하루 맑음』 등이 있다.

식당이 많은 우리 동네

새로 생긴 분식집

수원 성균관대역 건물 한편에 긴 벽을 따라 커다란 간이 분식점 간판이 붙어 있지만, 늘 한산하다. 이 앞을 지나칠 때마다 뭘 파나 싶어 건너다보면 뒤돌아서 있는 주인아줌마 모습만 보인다. 역에 딸린 공간을 임대해서 사용하느라 유지비도 꽤 들어갈 텐데, 손님이 없는 게 매번 이상했다. 몇 번을 지나쳐도 내 기억에는 앞치마 끈이 뒤로 묶여 있는 뒷모습뿐이다. 나는 이곳에 손님이 없는 이유를 그 뒷모습 때문이라고 생각했다.

손님이 없는 곳에 홀로 서서 어묵이나 떡볶이를 먹는 게 그리 편하지 않아서 나는 이곳을 슬쩍 건너다보면서 지나치곤 한다. 낮은 계단을 올라가면 떡볶이집이 하나 더 있기 때문이다. 주황색 포장마차, 왕김말이집이다. 근처에 대학이 있어서 손님들이 대부분 학생이다. 가끔 어린 고등학생들도 늦은 시간에 앉아 있는 모습이 보이기도 했다.

"너무 늦게 다니지들 말어. 걔는 요즘 얼굴 안 보이더라?"

왕김말이집 아줌마는 학생들이 늦게 돌아다닐 때 걱정을 해주곤 했다.

"부족하면 말씀하세요, 더 드릴게."

떡볶이와 왕김말이 세트가 저렴했다. 대신 떡볶이의 양이 1인분보다는 조금 적었다. 밤늦게 들어선 내 얼굴에 허기가 잔뜩 묻어 있었나 보다. 아줌마는 그런 내 표정까지 살피고 있었나 보다.

이 집은 떡볶이 맛이 다르다. 초등학교 앞에서 애들한테나 파는 작은 떡을 쓰고 있었다. 근래 대부분 굵은 가래떡을 사용하는데, 이 집은 옛날 떡볶이처럼 가늘고 작은 떡을 사용했다. 포장마차 기둥에 매직으로 쓴 '왕김말이' 메뉴가 유독 눈에 띄었다. 이 집의 특별 메뉴다. 떡볶이와 함께 범벅을 했을 때는 몰랐는데, 한쪽에 쌓아놓은 왕김말이를 보니 정말 컸다. 그런데 모양은 그리 깔끔해 보이지 않았다. 조금 울퉁불퉁했다.

어느 곳이나 다들 떡볶이 대학을 수료했는지 엇비슷한 모양과 맛을 유지한다. 튀김도 그렇고 순대도 그렇고, 차이가 없다. 그런데 이 집이 내게 특히 기억에 남는 것은 저 못생긴 왕김말이 때문이다.

꼭 그것만은 아닐 것이다. 요란스럽지 않으면서 말 한마디에도 정이 담겨 있는 주인아줌마의 성품이 나처럼 어쩌다 한 번 들르는 사람도 단골손님으로 만든다. 그러고 보니 이 아줌마가 꽤나 미인이다. 복스럽게 생겼다. 고생만 안 했어도 괜찮았을 얼굴이다. 이웃집 누나처럼 학생들을 다독이는 모습이 보기에 좋다.

"총각인 줄 알았어요."

아줌마는 잠시 나를 바라봤다. 어쩌다가 김치 얘기가 나왔는지, 우리 집 아이가 김치를 못 먹는다고 하니 아줌마는 도저히 있을 수 없는 일이라고 걱정해준다.

"우리 집에선 상상도 못할 일이에요."

아마도 내가 아이들에게 갖다준다고 왕김말이를 몇 개 싸달라고 하다가 이런 이야기가 나온 모양이다. 이 집 왕김말이는 안에 별다른 게 없다. 그냥 당면뿐이다. 그런데 이상하게 맵다.

"애들 먹기에 조금 매울 거예요."

밀가루에 고추를 갈아서 넣었을까. 그 비법까지 물어보기에는 아직 출근 도장을 덜 찍었다.

"김치만 못 먹지, 매운 거 다 잘 먹어요."

몇 달이 흐르고서야 다시 왕김말이집에 들렀다. 그런데 몇 번인가 지나쳤지만 계속 포장마차가 닫혀 있었다. 어려운가 보다 싶었다. 무슨 사정이 있나 했다. 노점상을 하는 게 어디 좋아서 하던가. 할 수 없으니 하는 게 노점상 아닌가. 어려우니까 이것이라도 하겠다고 나선 게 아닌가. 젊고 예쁜 나이에 사는 게 팍팍했던 모양이다.

그렇게 한 해가 지나고 역 근처 핸드폰 가게에 들를 일이 있었다. 유심칩이 고장 나서 교체하러 갔는데, 빨라야 삼십 분 정도는 기다려야 한다고 했다. 그 시간에 맞춰 오겠다고 하고서 근처 마트에서 간단하게 장도 볼 겸 길을 나섰다. 골목으로 들어서서 조금 걷다가 나도 모르게 한쪽 구석에 들어선 가게를 손가락으로 가리키며 멈춰 섰다.

"아줌마! 오, 이루었네!"

가게 유리창 너머 그 아줌마 얼굴이 보였다. 간판을 보니 '왕김말이'라는 글씨가 커다랗게 인쇄되어 있었다. 한동안 안 보여서 그 앞을 지나칠 때마다 나도 모르게 은근히 걱정했는데, 길가 뒤쪽 골목에 이렇게 가게를 얻어서 장사를 하고 있었다. 노점상들의 꿈이 내 가게 하나 갖는 것이라는 말을 어디선가 들은 적이 있었다. 수원은 전국에서 식당이 가장 많단다. 사람도 많지만, 영세 자영업자도 그만큼 많다는 뜻이다. 다들 어렵게 삶을 꾸려나가고 있다. 가게 앞을 지나치며 그 생각에 나는 계속 탄복하고 있었다.

이모가 있는 밥집

"이왕 사진 찍은 거 한번 전시회 해보지그래?"

"아휴, 그거 그리 쉽지 않아요. 가장 어려운 게 주변 사람들 괴롭히는 일이에요."

"내가 아는 데가 있는데, 연락해볼게. 대안학교에서 운영하는 공간이 있어. 나도 거기서 대중 강좌 한 적도 있고."

그렇게 해서 갤러리를 운영하는 대안학교 선생님을 소개받아서 뵈러 가게 되었다. 조용히 만나는 줄 알았는데, 이미 대안학교의 여러 선생님들이 함께 있었다. 그 자리에서 저녁 겸 술을 마시게 되었다. 배고픈 이에게는 밥을 팔고, 취기가 필요한 이에게는 술도 파는 집이었다. 지인인 듯한 무명 가수와 학부모와 학생 몇이 함께 앉았다. 가수는 노래하고, 대안학교의 어린 학생도 자작곡을 불렀다.

"우리 학교는 자기가 만든 노래가 아니면 못 부르게 해."

교장 선생님이 자랑스러워했다. 소녀는 자신의 노래를 수줍은 듯이 불렀다.

"목소리에 조금 힘을 주면, 딱 김윤아쯤은 되겠다."

나는 그 노래에 감동했다. 그래서 나도 모르게 수줍은 목소리에 용기를 주고 싶었다. 그렇게 흥겹게 한참 동안 술을 마셨다. 술 마실 생각을 못하고 인사나 드리려 했는데, 그 분위기에 못 이겨 나도 잔을 가득 채웠다. 이내 술이 떨어지자 주인을 불렀다.

"직접 받아 가셔."

주방 안쪽에서 걸쭉한 소리가 들려왔다. 술집 여주인이었다. 몇 번 더 술을 받아 오고 나자 다른 손님들은 보이지 않았다. 조금 한가해졌는지 여주인이 우리 자리로 왔다. 일을 하다 다리를 다쳤는지 한 손으로 목발을 짚고 쩔뚝이며 자리에 앉았다. 처음에는 안면이 있는 사이인 줄 알았다. 우리가 흥겹게 노는 모양이 좋아서 자리에 앉았다고, 걸쭉한 목소리로 말하기 시작했다.

"내가 소아마비를 앓았어. 다리가 불편해서 손님이 많으면 음식도 바로 바로 못 갖다줘. 파장할 때가 되니 조금 한가하네."

그녀는 오랜 지인처럼 스스럼없이 어울렸다.

"뚱뚱한 사람들은 거동이 느려. 전에 날씬한 애를 써봤는데, 손님들이 앉으라면 앉고 그랬지. 일은 안 하고 노닥거리기나 하다가 알아서 그만 두데. 그래서 다음엔 뚱뚱한 애를 써봤지. 걔가 서빙을 하다 보면 자꾸 허벅지가 쓰리대. 살이 많아서 허벅지가 쓸리나 봐. 요즘은 손님도 예전만 못하고 해서 그냥 늙은이들이나 있지."

"이모, 여기 이름이 한자로 뭔가요?"

어느새 그녀는 이모가 되어 있었다. 어떻게 음식점 이름을 지었는지 이모는 장황하게 설명하기 시작했다. 그렇게 이모의 이야기는 쉴 새 없이 걸쭉하게 흘러나왔다.

"내가 소아마비를 앓았던 게 다섯 살이었어. 그전에 두 발로 걸어본 기억이 없지. 그래서 목발로 걷는 게 불편하지가 않아. 두 발로 걸어본 기억이 있었다면 난 불행해졌을 거야. 그 기억이 없어서 난 늘 행복했거든. 몇 해 전에 사고로 두 발을 잃은 친구를 사귀게 되었는데, 바깥에도 잘 안 나와. 한번은 억지로 끌어냈는데, 글쎄 이러는 거야. 창문이 저렇게 높았냐고. 구름을 기다리며 사는 게 이젠 싫다고 말이야. 그런데도 휠체어를 타고 밖에 나오는 걸 몹시 두려워해. 두 발을 가진 기억 때문에 괴로워하는 것 같아서, 내 이렇게 말해줬지. 누가 두 발 없이 너처럼 길을 갈 수 있겠니. 그러고 보면 넌 참 행복한 거야."

언제 떠들썩하게 놀고 있었는지 모르게 모두 조용히 이모의 말을 듣고 있었다.

"그러고 나니까 이상하기도 하지. 나도 두 발로 걷던 기억이 나는 거야. 발가락 사이로 구름이 밟히면서 간질거리지 뭐야. 두 발로 걸어봤다는 걸 영영 모르고 살다 죽을 뻔했잖아. 난 어쩌면 그 기억을 스스로 지워버리고 살아왔는지도 몰라. 그렇게 둘이서 얼마나 울다가 웃다가 그랬는지. 참 행복해지더라. 살아온 게 다 고맙더라."

파장이 지났는데도 이모는 우리들이 한껏 놀 때까지 문을 닫지 않았다. 일행들과 헤어져 돌아오는 길에 여전히 이모의 걸쭉한 입담이 들려왔다.

그 후로 사는 일이 바빴는지, 늘 내 욕심을 다스리려 했는지, 사진전은 열지 못했다. 그보다 다급한 일들이 더 많았다. 허덕이며 사는 꼴이 못마땅해도 어쩔 수 없었다. 계속 허덕이는 수밖에. 그럴 때마다 이모의 걸쭉한 목소리가 들리는 듯했다.

"바보야, 넌 참 행복한 거야."

전시회를 하겠다고 나섰을 때, 주변에서 도와주겠다는 분들이 많았다. 괜히 부담을 줄까 싶어 피했는데, 오히려 나에게 마음을 기울여준 분들이 많았다. 그것만으로도 나는 참 행복한 사람이었다. 그렇게 혼자서 실없이 미소 지을 때가 늘었다. 이모는 내가 사진전을 열면 꼭 찾아보겠다고 내 손을 잡아주었다. 이모의 손은 참 컸다.

태어날 때부터 앞을 보지 못한 시각장애인이 찰흙으로 사람의 형상을 빚으면 손을 크게 만든다고 한다. 피부 감각을 담당하는 뇌 영역 중에 손과 관련된 부분이 더 크기 때문이란다. 또 시각장애인이 전기스탠드를 빚으면 불이 켜지는 따뜻한 전구를 크게 만든다고 한다. 온기가 물건의 크기를 결정하기 때문이다. 그래서 상대의 따뜻한 손을 잡아본 기억은 잊히지 않는다. 따뜻한 손길은 시간이 지나도 쉽게 사라지지 않는다. 다른 느낌보다 더 크게 느껴지기 때문이다.

"그래, 난 참 행복한 놈이야."

먹고사는 일의 슬픔

영세 자영업자

택시를 타고 집에 오는데, 기사분께서 길을 못 찾는다. 내비게이션을 따라서 가면서도 길을 놓치고 엉뚱한 길로 멀리 한 바퀴 돌아가게 되었다. 차비가 올라가는 속도가 무서울 정도였다.

속으로 차비 좀 빼달라고 해야 하는 거 아닐까 싶었지만, 카드로 계산하면 그것도 어려울 것 같았다. 그러고 있는데, 또 엉뚱한 길로 빠지려고 한다.

"직진해주세요. 일차선 따라서 계속 가주세요."

"길 아시나 봐요."

"네, 이 길을 잘 알아요. 수원에 산 지가 벌써 십오 년이나 되는걸요. 사거리 지나 좌회전해서 직진해주세요."

"여긴 길이 잘 나 있네요."

"아, 네. 택지 개발 지역이라 조용하고 살기 좋아요."

내내 말이 없던 기사분께서 도착지에 다 와가자 그제야 말문을 열기 시작했다.

"이쪽 길은 처음이라 낯서네요. 처가가 저쪽 한일타운으로 이사 와서 와본 적이 있는데, 사당까지 십오 분이면 가더라고요."

"네, 길 안 막히면 거기서 그쯤 걸릴 거예요."

"여기서 조금만 가면 조원동이잖아요. 장인이 수원에서 사당까지 가는 버스가 밤늦게까지 있다고 해서 느지막이 나섰다가 한 삼십 분 기다렸을까요. 스마트폰 앱으로 찾아보니 버스는 차고지에 있더라고요. 그래서 택시 타고 갔는데 삼만 원이나 나와요."

"택시 타면 그렇죠. 길이 좋아 금방 가기는 하지만, 그래도 거리가 좀 있지요."

아마도 기사분께서는 길을 잘못 들어서 초과된 요금이 신경 쓰였을 것이다. 서울까지 십오 분이면 갈 수 있는 거리인데, 택시를 타면 요금이 만만치 않다는 것을 내게 말하고 싶었던 것일까.

"처가에서는 내가 운전하는 거 몰라요."

"네? 운전하신 지 얼마 안 되셨나 봐요."

"아니요, 삼 년쯤 됐습니다. 이런 일 하는 거 썩 달가워하지 않거든요. 처가가 좀 따지는 쪽이에요."

"아, 네."

무슨 얘긴지 알 수 있었다. 나는 그저 이해한다고 작은 탄식만 내뱉을 뿐이었다.

"섬유 수출입하는 일을 했는데, 회사 나오고서 옷 장사를 했어요. 그쪽 분야는 잘 안다고 생각했는데, 그게 아니더라고요. 망해먹었죠."

"의류 쪽이 마진도 그렇고 쉽지 않을 거예요."

"사업은 하는 게 아니더군요."

영세 자영업자의 95퍼센트가 삼 년 안에 망한다고 나도 어디선가 들은 말이 생각나서 맞장구를 쳤다.

"뭐라도 해야 되잖아요. 안 할 수도 없고. 애들이 직장을 얻으면 좋을 텐데, 그것도 쉽지 않아요. 대학원에 간다 이러는데, 갈수록 생활이 어려워지더군요."

머리가 희끗한 것을 보니 아마도 그는 섬유 관련 회사에서 조금 이르게 명예퇴직을 했을 것이다. 그리고 퇴직금으로 장사를 시작했을 것이다. 그도 영락없는 자영업자였으리라. 그것도 95퍼센트에 속한 영세 자영업자.

"사업은 하는 게 아니에요. 그냥 가지고 있는 거 지키기만 해도 성공하는 거죠."

그가 방금 나를 내려주고 간 곳도 전국에서 영세 자영업자가 가장 많은 곳이다. 아마도 그는 이곳을 지나칠 때마다 후회와 부끄러움과 어떤 알 수 없는 분노를 애써 외면하느라 힘들어할지도 모른다. 택시 문을 열고 나오면서 나는 고맙다고 인사만 했다. 달리 어쩔 수가 없었다. 나도 곧 영세 자영업자가 될지도 모르지만, 그렇다고 영세 자영업자가 되지 않을 도리도 없었다.

슬픈 식당

내가 기억하는 가장 슬픈 식당이 있다면, 몇 해 전 동네 근처에 개업을 했던 한 일식 돈가스집이다. 화서동은 택지 개발과 더불어 몇몇 아파트가 들어서 있지만 여전히 개발되지 않은 서민들의 가난한 동네가 맞붙어 있는 곳이다. 딱 그 중간쯤에 일식 돈가스집이 개업을 했다. 길을 지나치다가 동네 골목에 걸맞지 않게 못 보던 음식점이 문을 연 것 같아서 가만히 바라다본 적이 있다. 며칠 뒤 어느 날인가 그 집에서 주문을 하게 되었다. 멀리 차를 타고 가지 않아도 되니 우선 그게 편리해서였다.

주문을 마치고 둘러보니 인테리어까지 새로 해서 개업을 한 모양이었다. 그런데 역시나 골목에 딱 어울릴 정도로 평범하게 꾸며놓았다. 손님도 없었다. 직장인들이 있을 리도 없고, 주변에는 주택가와 학교뿐이다. 점심때가 되어도 한산했다. 그런데도 여느 식당과 달리 주문한 음식이

빨리 나오지 않았다. 음식을 재촉해본 적이 없으니 늘 그렇듯이 아무도 없는 식당 안을 괜히 둘러보기만 하면서 기다렸다.

그러다가 먼저 우동이 나왔다. 우동이 포함된 히레까스를 주문했기 때문이다. 곧 주 메뉴가 나올 것 같아서 먼저 우동 한 젓가락을 맛보았다. 그러는 사이에 바로 돈가스가 나왔다. 채 스무 살이 되지 않은 듯한 사내가 음식을 날랐다. 그러다가 그의 얼굴을 보게 되었다. 다운증후군이지만 행동이나 지적 능력은 일을 하는 데 지장이 없는 듯했다. 행동이 조금 굼떠 보이기는 했어도 개업한 지 얼마 안 되어 아직 일이 서툰가 싶었다. 가만 보니 어머니가 주방을 맡고, 아들이 음식을 나르고 있었다.

우동 면발은 퉁퉁 불어 있었다. 돈가스와 함께 내놓기 위해서 기다리는 동안에 불어터진 모양이었다. 아니면 돈가스를 기름에 튀기다가 정신을 팔고 면발이 불어터지는 것도 몰랐거나. 불어터진 우동은 처음 먹어보았다. 점점 화가 나기 시작했다. 나는 이 세상에 맛없는 음식은 없다고 생각하는 사람이다. 음식이라 부르는 것들은 먹을 수 있기 때문에 그리 부르는 것이다. 그런데 그 우동은 정말 맛이 없었다. 국물에 튀김이 녹아 퍼져서 개운한 맛이 없었다. 빵가루를 입혀 튀긴 히레까스는 모래를 씹는 듯이 푸석푸석하기만 했다. 그렇게 음식 앞에서 화가 나기 시작했다.

개업한 지 얼마 안 되었는데, 얼마나 버티려나. 누가 이런 외진 골목에, 그것도 불어터진 우동이나 내놓는 식당에 찾아올 것인가. 없는 살림에 있는 돈 없는 돈 다 끌어다가 가게 하나 열었을 텐데, 학교도 채 못 다니는 성치 않은 아들 하나 데리고 장사를 시작했을 텐데, 첫 달치 월세는 무엇으로 치르려나. 당장 내일 장사할 식재료는 무슨 돈으로 장만하고, 무슨 희망으로 식탁을 치우고, 하루가 갈수록 더욱 뜸해지는 손님을 어찌 하염없이 기다리려나.

화가 나서 도저히 음식을 다 먹을 수 없었지만, 나라도 남김없이 다 먹어줘야 조금이나마 덜 쓸쓸할 것 같았다. 나에게도 그렇고, 주방 안에서 뭘 그리 하고 있는지 혼자서만 바쁜 아주머니와 구석에 가만히 앉아서 고개를 숙이고 있는 아들이 또 그럴 것이라 생각했다. 입에서 맛없다는 말이 절로 새어 나오는 듯했지만, 느릿느릿 젓가락을 드는 사이에 낮은 한숨 소리가 더 먼저 나왔다.

'한 달은커녕 며칠이나마 겨우 넘길 수 있으려나.'

목마른 손님에게는 물 한 잔이라도 팔아야 한다

"손님, 나가주시죠."

고정된 목재 칸막이로 자리를 구분해놓은 어두컴컴한 카페였다. 나는 집 근처에 새로 문을 연 카페에서 테이블 위에 놓인 마티니 잔을 무료하게 만지작거리고 있었다. 손님이 없는 시간이었다. 중년 사내와 그의 부인인 듯한 사람과 어린 딸이 내 건너편 앞쪽으로 앉았다. 그런데 조금 후에 주문을 받으러 온 젊은 주인의 표정이 굳어 있었다.

중년 사내는 병맥주 한 병을 주문했다. 그는 안주 없이 병맥주 한 병만 주문하려고 했다. 사장은 그렇게 주문을 받을 수 없다고 했다. 중년 사내는 왜 안 되느냐고 물었다. 사장은 안주 없이 주류를 팔지 않는다고 했다. 왜 안주를 시켜야 하느냐고 다시 따져 물었지만, 돌아오는 답은 동일했다. 앞에 앉아 있던 부인은 안 된다고 하지 않느냐고 남편을 만류하는 듯했다.

사장은 주문을 받지 않고 단호하게 뒤돌아섰다. 뭐 이런 데가 다 있어, 하며 중년 사내도 불쾌하다는 듯이 자리를 박차고 일어섰다. 부인과 어린 딸이 조용히 그 뒤를 따랐다. 휴일이었다. 햇빛이 맑은 날이었다.

한 가족은 모처럼 일찍 나들이를 하고 온 모양이었다. 길을 가다가 문득 중년 사내는 마른 목이라도 축이고 싶었는지 모른다. 구멍가게에 들어가서 스팸 캔을 따놓고 막걸리 한 사발 들이켜기에는 부인과 어린 딸이 함께 앉아 있을 만한 자리가 없었을 것이다. 소주 반병을 사이다 컵에 가득 따라서 마시고 싶었을 것이다.

그래도 공휴일에 모처럼 나들이를 다녀오는 길인데, 시원한 맥주나 한 병 느긋이 앉아서 따라 마시고 스적스적 집에 들어가면 딱 좋았을 것이다. 가난한 사내였을 것이다. 카페라는 곳에는 한 번도 가본 적이 없는 사내였을 것이다. 그는 부인을 위해서 커피 한 잔을 주문했어야 했다. 어린 딸에게 사이다라도 시켜줬어야 했다. 그러나 그는 딱 맥주 한 병만 달라고 했다. 메뉴판을 보았을 것이다. 커피 한 잔이 얼마인지 알았을 것이다. 컵에 따라 주는 사이다가 얼마인지 보았을 것이다. 그리고 그는 공휴일에 가족을 위해 시간을 내준 자신을 격려하기 위해 병맥주 한 병을 주문했을 것이다.

카페에서 거절당한 중년 사내가 안쓰러웠다. 안주도 없이, 함께 앉은 가족을 위한 주문도 없이 달랑 병맥주 한 병만 주문할 수밖에 없었던 짙은 갈색 양복을 입은 그 사내가 나는 불쌍했다. 모욕당한 그가 참 바보 같았다. 하지만 주문을 받지 않고 단호하게 거절한 카페 사장이 더 미웠다. 빈자리밖에 없는 카페에 한 명이 앉든 네 명이 앉든 테이블 하나 차지하는 것은 똑같은데, 병맥주 한 병 내오는 게 뭐가 그렇게 어려운 일이었을까. 카페의 위상을 걱정해서 그랬을까. 싸구려 조명과 흔해빠진 팝송이나 틀어주는 카페라도 자존심만은 세워야 했던 것인가. 어쩌면 남는 게 없는 장사라고 생각했을 것이다.

조명은 늘 켜져 있는 것이고, 음악은 줄기차게 흘러나오는 것이니 눅눅한 소파에 좀 앉았다고 세금을 내겠는가, 뭔 손해를 보겠는가. 목마른 손님에게는 물 한 잔이라도 팔아야 한다. 장사하는 이가 그렇게 눈치도 없는가. 봐라, 가난한 가장이 가족을 데리고 나들이 다녀오다가 목이 말라서 들어와 앉았다. 모처럼 기분 좀 내보자고 카페에 들어와 앉았다. 메뉴판을 들여다보다가 그냥 나갈 수는 없어서 뭐라도 하나 주문했다. 에잇.

나는 한 가족이 잠시 앉았다 간 빈자리를 오래 바라보았다.

언니의 강가, 두물머리
언덕에서 용 나다

박생강

1977년 경기도 파주에서 태어나
2005년 장편소설 『수상한 식모들』로 문학동네소설상을 받으며 등단했다.
소설집으로 『교양 없는 밤』, 장편소설 『보광동 안개 소년』,
『나는 빼빼로가 두려워』 등이 있다.

언니의 강가, 두물머리

그녀가 눈을 떴을 때 파주 금촌의 새벽은 희뿌연 어둠에 잠겨 있었다. 자리에서 일어난 그녀는 침대 옆 탁자에 놓아둔 보리차를 마셨다. 잠들기 전 목이 칼칼해 마셨던 따뜻한 보리차는 차게 식은 지 오래였다. 갈증은 가셨지만 으스스한 냉기에 절로 인상이 찌푸려졌다. 막 잠에서 깨기 전에 꾸었던 달콤한 꿈과는 영 딴판인 불쾌한 냉기였다. 그녀는 주방으로 가서 보리차 한 컵을 전자레인지에 데워 손에 들고 안방으로 들어왔다. 뜨거운 물을 입김을 불어가며 마시면서 잠시 어젯밤 꿈에 대해 곱씹었다. 예순이 넘은 지 한참인데 여섯 살 꼬마 때의 모습으로 돌아간 꿈이라니 우습기 짝이 없었다. 그것도 어린 시절의 단짝 친구 영애 언니와 함께 놀던 모습 그대로였다. 그녀는 따끈한 보리차를 몇 모금에 나눠 마시고 늘 반복되는 새벽의 일상으로 돌아갔다.

자개장 서랍에서 묵주를 꺼내 그녀는 새벽 기도를 시작했다. 하루라도 기도를 빼먹으면 마음이 편치 않았다. 그녀가 기도하지 않는다고 가족의 행복이 불행으로 바뀌지 않는다는 것을 잘 알면서도 그랬다. 무언가 한 번 결심하고 시작해 몸에 밴 일을 쉽게 그만두지 못하는 성정은 예순이 넘도록 변하지 않았다.

새벽 기도의 순서는 사십여 년의 세월 동안 거의 달라지지 않았다. 첫 번째는 그녀보다 열 살이나 나이가 많은 남편이었고 그다음이 삼남매였다. 물론 가족들을 위한 기도의 내용은 세월이 흐르고 그녀의 팽팽한 얼굴에 주름이 깊어질수록 달라졌다. 성당에 처음 다녔을 때는 남편의 술버릇을 고쳐달라고 하느님께 빌었다. 성당에 나간 이유 또한 가게 단골손님이 하느님에게 기도를 해 남편의 술버릇을 고쳤다는 말에 솔깃해서였다. 그녀와 둘이서 자그마한 구멍가게를 하던 남편은 가게 문을 닫으면 시장 친구들과 함께 화투를 치며 자정 너머까지 술을 마셨다. 그녀는 남편이 노름판에서 돈을 따길 최소한 개평은 받아 오길 바랐다. 남편이 노름판에서 잃는 돈이 아까워서가 아니었다. 돈을 잃은 날이면 그치는 새벽까지 식구들을 콩 볶듯 볶아댔다. 물론 하느님은 남편의 술버릇을 고쳐달란 기도 대신 어느 날 홧김에 올린 기도만을 들어주셨다. 그때도 추운 정월의 겨울이었다. 어느 날 남편에게 오지게 손찌검을 당한 서른 살의 그녀는 저주하듯 기도를 올렸다.

"하느님, 저 양반 돈복 터지는 날이 오면 그냥 콱 천벌받게 해주세요."

푼돈에 연연하던 남편은 환갑 지나 말 그대로 돈벼락을 맞았다. 구멍가게를 하는 내내 착실하게 모은 돈으로 그녀가 교하에 사둔 땅뙈기가 신도시 개발로 값이 펑펑 치솟았다. 하지만 부부가 그 돈을 미처 써보기 전에 일이 터졌다. 배에 유달리 가스가 찬다면서 병원에서 검사를 받은 남편은 대장에서 간까지 전이된 말기암 판정을 받았다. 그때 그녀는 젊은 시절 하느님께 올린 저주의 기도가 퍼뜩 떠올라 심장이 철렁했다. 결국 투병 기간 내내 부부는 치료비 말고는 돈에 거의 손도 대지 못했다.

남편 생각을 하자 그녀의 눈에 어느새 눈물이 고였다. 세상을 뜬 지 십 년 가까이 지났지만 세상에 없는 남편 생각을 할 때 이따금 눈물이 흘렀다. 그러나 그 눈물에 무슨 의미가 있는지 콕 집어 말하기는 어려웠다. 지금껏 살아온 세월을 달다, 쓰다 한마디로 딱 잘라 말하기가 쉽지 않은 것처럼 그랬다. 그저 이따금씩 질금질금 흘러내리는 눈물이 곧 그녀의 세월이었다. 그녀는 남편을 위한 새벽 기도는 접기로 했다. 아침부터 눈물을 펑펑 쏟아내면 하루를 버텨낼 기운이 남아나질 않았다.

대신 자식들을 위한 새벽 기도만 간단히 올리기로 마음먹었다. 그녀는 큰아들을 위해 묵주를 움켜쥔 채 천천히 기도문을 읊었다. 눈을 감으니 초라한 중년을 보내는 큰아들의 얼굴이 고스란히 떠올랐다. 큰아들은 착실한 아이였지만 돈이 죄였다. 돈만 아니면 큰아들은 아직 얌전히 파주 시청에 다니고 있을 터였다. 교하 땅을 팔았을 때 큰아들은 며느리와 함께 찾아와 그 돈의 반을 달라고 두툼한 손을 내밀었다. 그 돈의 열 배는 더 벌어 부모님께 효도하겠다고 큰소리쳤다. 남편이 암 판정을 받은 후 부부는 돈이고 뭐고 경황이 없었다. 부부가 미적미적하자 큰아들은 어느 날엔가 술김에 전화를 걸어와 다짜고짜 화를 냈다.

"어머니, 너무하십니다. 둘째가 공부 좀 한다고 어린 시절부터 장남인 저를 은근히 무시하셨어요. 그 녀석 공부 잘하면 뭐합니까? 지금껏 부모님께 용돈 한번 드린 적 있습니까? 지금껏 근처에서 두 분 모신 사람은 저잖아요?"

큰아들의 말은 틀리지 않았다. 그 무렵 둘째 아들은 박사 학위 때문에 유학을 보내놓은 차였다. 어린 시절부터 영재라고 소문났던 공부 잘하는 아들 앞길을 막고 싶진 않아서였다. 그녀 역시 가난한 집안 사정 탓에 겨우 중학교만 졸업해 한이 맺혔다. 하고 싶은 공부 끝까지 못한 한을 잘난 아들의 가슴팍에 박고 싶진 않았다. 교하에 사둔 땅이 천정부지로 값이 오를 때도 둘째 아들 공부는 편히 시키겠구나 싶어 마음이 놓였다. 시청에 다니면서 꼬박꼬박 월급 받는 큰아들 생각은 별로 하지 않았다. 큰아들의 투정을 들으니 내심 미안해졌다. 그녀는 남편 몰래 사업 자금을 큰아들에게 빌려주었다. 남편이 투병하는 내내 큰아들은 집에 찾아올 때마다 손을 벌렸다. 그녀가 그 손을 외면하기란 쉽지 않았다. 처음에는 불붙는 큰아들의 사업에 땔감을 지피기 위해서였고 나중에는 사채 빚에 쫓길까 봐 걱정이 태산이어서였다. 결국 마지막엔 그녀의 보금자리인 낡은 아파트를 담보로 해 큰아들에게 편의점 하나를 차려주었다. 큰아들은 그 편의점에 기대어 근근하게 살았다.

큰아들을 위한 새벽 기도가 끝났다. 그녀는 미국으로 유학 가 박사 학위를 따고 결혼해 그곳에서 눌러앉은 둘째를 위해 기도했다. 무소식이 희소식이라지만 둘째는 두 달 가까이 전화 한 통이 없었다. 그녀는 마지막으로 막내딸을 위한 새벽 기도까지 끝냈다. 묵주를 서랍에 집어넣으려던 그녀는 가족 아닌 누군가를 위해 처음 기도하고 싶어졌다. 어젯밤 꿈에 만났던 고향 친구 영애 언니를 위해서였다. 그 기도는 언젠가 꼭 한 번은 했어야 할 기도였다.

'언니, 미안해. 장례식장에도 못 가봤네. 그때가 남편 수술하고 겹쳐 있던 때라 못 갔어. 하지만 어쩌다 언니를 위해서 기도 한번 할 생각을 못했을까? 미안해, 언니. 나 무심한 사람인가 봐. 너무 오래 잊고 있었어.'

그녀는 눈을 감고 영애 언니의 넋을 기리는 연도를 드렸다. 하느님께 영애 언니의 영혼이 천국에 가 있기를 기도하면서 장미목 묵주를 매만졌다. 둥근 묵주알의 감촉은 어젯밤 꿈에서 본 까마중과 비슷했다.

기도문을 읊는 와중에 어젯밤 꿈속의 풍경이 다시금 펼쳐졌다. 어린 시절로 돌아간 영애 언니와 그녀는 함께 일산역 기찻길 근처 논둑길에서 까마중을 따 먹었다. 배고프고 달콤한 간식도 없던 그 시절 환약처럼 자그마한 까마중을 입에 넣으면 그렇게 맛있었다. 사탕처럼 단맛은 아니지만 입안에 퍼지는 은은한 맛과 특유의 향 때문에 기분이 좋아졌다.

"경순 공주, 경순 공주."

영애 언니는 시골 아이답지 않게 우윳빛 피부에 예쁘장하게 생긴 그녀를 늘 경순 공주라 불렀다. 그러면 그녀는 괜히 기분이 으쓱해졌다. 옛날처럼 꿈속에서 영애 언니가 까마중을 한 움큼 따다가 그녀에게 가지고 왔다. 멀리에서 요란하게 빠앙 기차 기적 소리가 들려왔다. 그렇게 영애 언니와 실컷 까마중을 따 먹고 집으로 돌아오는 길에 큰 강을 보았다. 안

개에 포근하게 감싸여 있는 강이었다. 영애 언니와 함께 강가에 간 적은 없는데, 이상한 일이다 생각하던 찰나에 그녀는 꿈에서 깼다. 하지만 새벽 기도를 끝내자 영애 언니와 함께 있던 그 강가가 어디인지 알 것 같았다. 그곳은 영애 언니가 시집간 양수리의 두물머리, 강과 강이 만나는 곳이었다.

그녀는 연두색 등산 점퍼를 입고 떠날 채비를 했다. 새벽 기도와 함께 거르지 않는 것이 아침 산행이었다. 아파트 단지 뒤쪽으로 빠져나와 언덕으로 십여 분 올라가면 곧장 학령산이었다. 나이 든 사람도 쉽게 걸을 수 있는 산 둘레의 산책로라 그녀뿐만 아니라 많은 노인들이 새벽이면 산에 올라왔다. 평소에 시간 내서 만나지 못했던 이웃을 학령산 산책로를 걷다가 마주치는 일도 적잖았다. 그렇게 만나 몇 마디 나눠보면 다들 한숨 보따리가 마음에 가득이었다. 그걸 풀어헤쳐 깔깔대고 떠들다 보면 어느새 한숨의 무게는 움푹 줄어들었다. 하지만 그녀는 자신의 보따리를 풀어놓기보다 그저 다른 사람 이야기를 들으며 고개만 끄덕이기 일쑤였다.

엘리베이터 앞에 서 있다가 몸이 으슬으슬하다 싶더니 요란하게 재채기가 터졌다. 콧물이 흐르지는 않았지만 코가 맹맹했다. 혹시나 감기가 올까 싶어 다시 집으로 들어갈까 하는데 엘리베이터가 멈췄다. 엘리베이터 안에는 칠 층에 사는 젊은 부부가 함께 타고 있었다. 원래 파주 사람들은 아니고 서울 토박이지만 가격이 싼 신혼집을 마련하려고 여기까지 흘러든 외지 사람들이었다. 그들은 무언가 정다운 이야기를 하던 눈치였다. 부부가 목례를 하고 물러서며 자리를 비켜주자 그녀는 잠시 망설이다 엘리베이터에 함께 탔다.

키 큰 젊은 남편의 목덜미에서 싱그러운 냄새가 풍겨왔다. 비누향보다 조금 더 무거운 향이었다. 이슬에 젖은 묵직한 나뭇잎 향이 풍기는 향수였다. 얼굴 잘생긴 남자는 반질반질하네, 싶었지만 좋은 냄새를 풍기는 남자 옆에 서면 그녀는 이상하게 기분이 좋아졌다.

"주말에 그럼 춘천 갈까?"

남편의 말에 젊은 아내가 고개를 저었다.

"아니, 춘천은 우리 봄에 갔으니까 청평댐에 가면 어때? 우리 데이트할 때 자주 갔지만 결혼하고서 한 번도 안 갔잖아."

"좋아, 그것도 괜찮네. 네가 가고 싶은 곳이 내가 가고 싶은 곳이잖아."

대개의 노인들이 그렇듯 가만히 남들 이야기에 귀 기울이던 그녀는 부부 사이에 끼어들었다.

"주말에 차 몰고 나가면 길 많이 막히지 않나? 뉴스에서 보니까, 주말마다 도로가 많이 막힌다고 그러던데."

"할머니, 잘 모르세요? 이번에 공덕 용산 구간 개통하면서 경의선하고 중앙선하고 연결됐어요."

"그거, 산에서 사람들이 하는 이야기야 들었지. 서울 나가기 훨씬 편해졌다면서?"

"서울까지만 가는 게 아니라 중간에 갈아타면 춘천까지 갈 수도 있어요. 그리고 그대로 죽 가면 청평 지나서 양평까지 가고요."

"아이고, 멀리도 가네. 기차가 힘들겠다, 그치?"

노인의 말이 농담이라고 생각했는지 부부는 웃음을 터뜨렸다.

하지만 그녀의 말은 진심이었다. 나이가 드니 세상 모든 것들이 지치고 힘들어 보일 때가 많았다. 그것이 어느 날 골목에서 만난 깡마르고 힘없는 개 한 마리건, 노을이 질 때 우연히 마주친 하루 벌어 하루 사는 일꾼이건, 혹은 무심하게 푹 쉬어버려 입에 안 맞는 김치건 간에 그랬다. 그러니 기차가 양평까지 가니 힘들겠다고 한 건 자연스럽게 흘러나온 말일 뿐 그녀가 젊은 부부를 웃기려고 한 말은 아니었다.

엘리베이터는 금방 일 층에 도착했다. 젊은 부부가 먼저 내린 뒤에 그녀는 잠시 망설이다 다시 문을 닫았다. 젊은 남편이 뒤돌아보자 멋쩍게 손을 움직이며 괜히 환히 웃어 보였다. 그녀는 감기 기운이 온 듯 여전히 코가 맹했다.

"아무래도 몸이 으슬으슬해서 쌍화탕이라도 하나 마시려고. 이 나이에 감기 들면 고생이유."

하지만 젊은 남편은 노파의 말을 듣지 못한 듯 아내의 어깨에 팔을 올렸다. 그녀는 닫히는 엘리베이터 문 틈새로 젊은 부부가 아파트 밖으로 나가는 모습을 바라보았다.

그녀가 아침 산행을 포기한 건 감기 기운 때문만은 아니었다. 이상하게 혼자 학령산을 걷기가 싫었다. 그녀는 몇 달 전 지어 먹었다 남겨놓은 감기약 한 봉지를 먹고 아침 드라마를 보았다. 육십 년대 가난했던 시절을 배경으로 하는 드라마였다. 모두들 배를 곯았지만 그녀 생각에 사람들 인심은 지금보다 각박하지 않았던 시절의 드라마였다. 그때는 내 이웃이 내 친구였고, 이웃 몰래 좋은 음식 먹으면 입은 즐거워도 괜히 마음은 미안해지던 때였다. 하지만 그녀가 보기에 지금은 세상 사람들, 특히 낯선 이들은 모두 무섭고 도둑놈 같았다. 어쩌다 뉴스를 보면 사기꾼이 득시글거렸고 무서운 살인 사건이 매일 터졌다. 그런 까닭에 그녀 또한 산행 중에 낯선 사람을 보면 괜스레 몸이 멈칫거렸다. 당연히 큰아들이나 막내딸이 휴가에 데려갈 때가 아니면 혼자서 멀리 가는 일은 없었다.

익숙하지 않은 것은 모두 그녀를 두렵게 했다. 원래부터가 그런 여자였다. 구멍가게 안에 콕 박혀 쪽마루에 앉아 있는 것이 제일 마음 편했다. 가끔 답답할 때는 혼자서 학령산에 올랐다. 지금처럼 산책로 없이 비탈진 야산이었을 때도 언제부터인가 그녀는 남편이나 아이들이 가게를 봐줄 때 산에 오르기를 좋아했다. 아마 아이들이 모두 대학에 가고 마음이 조금은 여유로워진 뒤부터일 터였다. 그녀는 남편처럼 술로 풀거나 다른 또래 여자들처럼 관광버스에 올라타 춤추고 요란하게 흔들며 깔깔대는 것이 맞지 않았다. 그저 혼자 산에 올라 야호 야호, 외치곤 했다. 그 소리가 메아리로 들려오면 어딘지 그리운 사람들의 목소리로 되돌아오는 것만 같아 마음 한구석이 뭉클거렸다.

침대에 누워 무심히 텔레비전을 보던 그녀는 약 기운에 까무룩 잠이 들었다.

눈을 떠보니 어느새 점심때였다. 물에 말아 가볍게 점심을 때우고 그녀는 욕실에서 샤워를 했다.

"꿈을 하나 꿨는데 무슨 꿈이었더라."

수건으로 젖은 머리를 말리다가 그녀는 혼자 웅얼거렸다.

얕은 잠결에 꿈을 꿨는데 깨고 보니 하나도 기억나지 않았다. 지금처럼 무덤덤하지만 재빠르게 지나가는 하루가 아니라 행복한 하루였다는 감정만 어렴풋이 안개처럼 남아 있었다.

안방에서 헤어드라이어로 머리를 말리던 그녀는 거울에 비친 자신의 얼굴을 보았다. 아직도 거리에 나가면 그녀에게 사람들은 얼굴 곱다는 칭찬을 많이 했다. 주름은 졌지만 잡티 하나 없이 피부가 맑았다. 고생이라고는 모르고 산 사람 같다고 말했지만 그건 아니었다. 구멍가게에는 외상값 떼어먹는 인간들부터 사나운 술주정뱅이들까지 수시로 드나들었다. 그들과 드잡이를 해야 할 때도 있었지만 그때도 그녀는 부러 밑바닥까지 내려가고 싶진 않았다. 할퀴고 사나운 말을 내뱉으면 그녀의 얼굴에도 잔뜩 독기가 오를 것만 같아서였다.

경순 공주, 경순 공주.

그녀는 영애 언니가 어린 시절 불러줬던 그 별명이 놀림 같지 않고 좋았다. 배운 것이 없어 남들 앞에 내세울 건 없었지만 마음 깊숙이 지니고 있는 우아한 마음만은 결코 잃고 싶지 않았다.

그녀는 화장대 거울을 바라보다 서랍에서 립스틱을 꺼냈다. 둘째 며느리가 명절에 한국에 들어올 때 공항 면세점에서 샀다는 비싼 립스틱이었다. 다행히 사돈 부인의 취향인 시뻘겋게 눈에 띄는 색이 아닌 은은한 연분홍색이었다. 민얼굴에 립스틱을 바르니 오랜만에 특별한 일이 없는데도 화장이 하고 싶어졌다.

"나갈 곳도 없는데 화장은 해서 뭐하나."

하지만 어느새 그녀는 화장을 끝내고 거울을 통해 한결 환해진 얼굴을 바라보았다. 시간은 아직 오후 한 시였다. 그녀는 등산복 대신 캐시미어 스웨터를 꺼내 입고 연보라색 코트를 걸쳤다. 잠시 머뭇대다 낡은 핸드백 안에 있던 지갑이나 휴지 등등을 새 핸드백에 옮겨 담았다. 교우들을 따라 파주 아울렛에 갔다가 눈 딱 감고 산 앙증맞은 가방이었다. 막내딸에게만 보여주었을 뿐 큰며느리에게는 보여주지도 못했다. 거울 앞에 선 그녀는 며칠 전 미용실에서 머리를 다듬고 염색해서 다행이라고 생각했다.

그녀는 올해 초 복지 카드를 발급받아 무료로 지하철을 이용할 수 있는 나이였다. 금촌에 살지만 금촌역에 혼자 나와보기는 오랜만이었다. 어쩌다 경의선을 타고 일산까지 가는 때는 있었지만 서울까지 나간 건 그보다 더 한참 전이었다. 그녀 주변 사람들 중 복지 카드가 있는 이들은 지하철을 타고 이곳저곳 다니는 사람들도 많았다. 그러나 그녀는 평생을 구멍가게 안방마님으로 살아서인지 친구들을 따라 두어 번 지하철을 타고 온양온천까지 놀러 갔을 따름이었다. 거리가 너무 멀어 지치고 힘든 여행이었다. 낯선 사람들 속에 섞여 있는 것도 콩 속에 팥인 양 마음이 편치 않았다. 좌석이 딱딱해서 궁둥이도 너무 아팠다. 하지만 이상하게 오늘만은 기운이 솟았다.

엘리베이터를 타고 올라가 그녀는 경의중앙선 노선표를 살펴보았다. 돋보기 없이는 노선표의 역명이 제대로 보이지 않았다. 핸드백을 뒤져봤지만 낡은 핸드백 안에 있던 안경을 옮겨놓지 않은 걸 그제야 깨달았다. 그녀는 작년부터 눈이 더 침침해지면서 안경 없이 글자를 읽기가 힘들어졌다.

'끝까지 가면 양평인가? 혹시 양평 가는 길에 있는 양수리역은 없나…….'

그녀는 얼굴을 찡그리다가 주위를 둘러보았다. 평일 오후여서인지 역사 안에는 사람이 거의 없었다. 옛날 금촌역에는 표 파는 창구에 역무원이 있었건만 지금은 창구조차 사라지고 없었다. 온통 돈을 먹고 표를 내뱉는 기계들만이 전부였다. 그곳에 사람이라곤 얼굴이 시커멓고 팔과 턱에 털이 수북한 외국인 노동자 둘이 전부였다. 평소 그들을 보면 괜히 께름칙해서 피하던 그녀였다. 하지만 지금은 말을 걸 사람이 그 두 사람밖에 없었다.

"저기, 저기, 두 사람 혹시 한글 읽을 줄 아나요?"

어깨가 널찍하니 덩치가 큰 사내와 그보다 훨씬 자그마한 체격의 사내 둘이 그녀를 빤히 바라보았다.

"네, 읽어요. 우리도 한글 읽을 줄 압니다. 할머니는 그게 궁금합니까?"

덩치가 큰 남자가 무뚝뚝하게 대답했다. 외국인에게서 풍기는 특유의 체취 때문에 그녀는 얼굴을 찌푸릴 뻔했다. 하지만 그런 표정을 들키는 건 실례라고 생각해 그녀는 애써 미소 지었다.

"아니, 그게 아니라 나 좀 도와줘요. 내가 노선표가 잘 안 보여서 그래요. 내가 가고 싶은 역이 있나 해서요."

두 남자 중 체구가 작은 사내가 일어나더니 노선표 쪽으로 걸어갔다. 그녀는 그 뒤를 따라갔다.

"양수리, 혹시 양수리역 있을까요? 그 역이 있으면 아마 양평 가는 즈음에 있을 거예요."

"아, 양평. 저 그쪽 버섯 농장에서 일해서 잘 알아요. 옛날에는 양평에서 여기 금촌 오려면 진짜 길도 복잡하고 오래 걸렸어요. 저 거기에서 파주에 있는 인삼 농장으로 오다가 멀미 때문에 죽을 뻔했어요. 맞다, 그런데 할머니 인삼 씹으면 정말 멀미 안 해요?"

자그마한 사내의 수다를 듣고 있자니 그녀는 금세 이웃 청년 보듯 익숙해졌다.

"그렇지. 우리 둘째 아들도 어렸을 때 멀미가 심해서 수학여행 같은 거 갈 때 내가 인삼 뿌리 씹으라고 넣어주곤 했으니까."

그 말을 하면서 그녀는 문득 미국에 있을 둘째 아들이 떠올랐다.

"양수리역 없는데, 양수역 있어요. 거기가 거기겠죠? 잠깐만요, 시간표도 봐드릴게요. 오, 지금 가셔야겠다. 바로 전역에서 막 출발했을 거 같아요."

그녀는 남자에게 고맙다고 인사를 하고, 서둘러 핸드백에서 복지 카드를 꺼내 개찰구를 통과했다.

경의중앙선은 문산에서 일산을 지나 용산과 청량리를 거쳐 용문까지 갔다. 이 물건을 지하철이라 해야 할지 기차라고 해야 할지 그녀는 아리송했다. 하지만 그녀의 기억에 자리한 경의선은 지하철이 아닌 기차였다. 경의선은 언제나 그 자리에 있는 산이나 강처럼 그녀가 태어날 때부터 있던 노선이었다. 고향 일산에서도 서울로 떠나는 사람들은 한 시간에 한 대씩 있는 경의선 기차를 탔다. 고향 친구들은 서울로 가서 돈을 벌려고 다들 그 기차를 타고 떠났다. 하지만 중학교만 졸업하고 집안일을 도맡아 하며 농사일을 도왔던 그녀는 기차를 타본 적이 많지 않았다. 스무 살이 되자마자 일산 옆에 파주 금촌으로 시집을 왔으나 고작해야 기차로 이십여 분이면 가는 거리였다.

금촌을 출발한 열차 안에는 빈자리가 많았다. 빈자리를 드문드문 채운 건 대개 그녀 또래의 노인들이었다. 반듯하게 차려입은 그녀와 달리 편안한 등산복 차림이나 일상복이었다. 괜히 머쓱해진 그녀는 눈을 감고 잠든 척했다. 눈을 감자 두근대는 심장박동 소리가 더 선명하게 느껴졌다.

이 열차가 양수역에 다다르면 영애 언니가 자랑하던 그곳이 금방 나타날 터였다. 영애 언니는 그녀보다 더 늦은 나이에 그녀처럼 중매 아닌 연애결혼을 했다. 일산에서 멀리 떨어진 양수리로 영애 언니가 시집간 후 두 사람은 볼 기회가 자주 없었다. 시집간 사람이 친정에 놀러 오기 힘든 시절이었다. 그래도 두 사람 사이에는 종종 편지가 오갔다. 영애 언니는 남한강과 북한강이 한곳에서 만나는 두물머리 풍경이 아름답다고 그녀에게 자주 적어 보냈다. 언젠가는 두물머리 느티나무 앞에서 부부가 찍은 사진을 편지에 동봉한 적도 있었다. 푸른 잎사귀가 흐드러진 느티나무 아래에 선 젊은 부부는 표정만으로도 행복이 물씬 풍겼다. 두 사람 뒤쪽으로 펼쳐진 강물에서는 금방이라도 시원한 강바람이 불어올 것 같았다. 바람이 되어 자유롭게 날아다닐 수 있으면 얼마나 좋을까? 젊은 시절의 그녀는 영애 언니 부부의 사진을 보며 그런 생각도 했던 듯싶다.

일산역, 일산역에서 잠시 멈췄던 열차가 움직이기 시작했다. 일산역을 기점으로 이런저런 사람들이 우르르 올라탔다. 열차는 용산을 지나 한남동을 거쳐 어느새 왕십리에 이르렀다. 그사이 출발할 때는 텅텅 빈 것 같았던 열차 안이 발 디딜 틈 없이 사람들로 가득했다. 그것도 그녀보다 오히려 십 년 이십 년은 더 나이가 들었을 법한 저승꽃이 얼굴에 수북하게 핀 노인들이었다.

그러자 그녀의 마음이 또다시 불편해졌다. 똑같이 늙어가는 사람들인데 그렇게 한데 모여 있으니 마음이 편한 것이 아니라 무언가 침울해졌다. 여기저기서 기침 소리와 나직한 한숨 소리가 들려왔다.

'꼭 인생 다 흘려보낸 이들이 저승으로 함께 가는 완행열차 같구나.'

그녀는 괜히 계획에도 없는 일을 벌인 것 같아 마음까지 무거워졌다. 감기 기운이 있는 마당에 이렇게 나섰으니 내일은 몸살감기로 앓아누울 것이 틀림없었다. 혼자 집에서 있는 동안 앓는 것이 얼마나 불편하고 서러운 일인지 그녀는 익히 잘 알았다.

그녀 앞에 키가 작고 입술이 툭 불거진 누비옷 차림의 노파가 섰다. 허옇게 센 머리카락은 듬성듬성해서 두피가 그대로 다 드러나 보였다. 그녀는 자기보다 적어도 열 살은 더 먹었겠다 싶었다.

"할머니, 이쪽에 앉으실래요?"

그녀가 나직한 소리로 묻자 노파가 고개를 저었다.

"망우역에서 내리는데, 뭘."

노파가 퉁명스럽게 말하고는 입술을 우물거렸다. 툭 튀어나온 입 때문에 입가에 깊은 주름이 더 도드라져 보였다.

그래도 그녀는 괜히 앉아 있기에 어색해서 부러 그녀를 자리에 앉혔다. 노파는 무릎께를 주먹으로 콩콩 쳤다.

"그런데 그쪽은 이제 한 쉰 넘었나?"

"아니에요, 저도 환갑 지난 지 한참이에요."

"아이고, 그런데 아직 그렇게 젊어 보여? 좋겠수, 아직 남자들이 따르겠네."

그렇게 말하고서 노파는 누런 이를 드러내고 키득키득 웃었다. 빠진 이 사이로 검붉은 잇몸이 다 드러났다.

그녀는 그냥 미소만 지을 뿐 아무 대답도 하지 않았다.

하지만 한번 말문이 터진 노파는 청량리역을 지나 망우역까지 가는 내내 계속해서 떠들어댔다. 노파가 망우역까지 가는 까닭은 하나 있는 딸년이 빌어먹을 년이어서였다.

"사네, 못 사네 만날 지지고 볶는데 내가 보낸 게 아니라 지가 좋다고 자빠져서 간 거야. 그런데 이렇게 한바탕 난리를 칠 때마다 앓아누워서 나를 찾네. 지들끼리 깨가 쏟아질 때는 어디 들여다보기나 하는 줄 아우? 거기 자식들은 어때? 잘 컸어?"

노파가 입을 벌릴 때마다 퀴퀴하게 살 썩은 것 같은 냄새가 풍겨왔다.

"네, 잘 컸어요."

그녀는 흘리듯이 무심하게 대답했다.

"이제 알겠네. 자식들이 속을 안 썩이니까 얼굴이 아직 곱지. 아이고, 내가 사람 새끼가 아니라 망아지 새끼를 낳았는지, 이것들이 그냥 돌아가면서 제 어미를 뒷발질로 뻥뻥 걷어차는 거야. 한 놈은 돈 달라고 지랄, 또 한 놈은 지 처갓집에 붙어서 제 어미 알기를 개 똥구멍처럼 알고, 한 년은 애까지 둘이나 낳은 게 사네 못 사네 만날 나자빠져 누워 있고. 내 마음이 그냥 다 만신창이유."

"할머니, 다음이 망우역이네요."

"알지, 알아. 내가 그것도 모를까 봐. 입하고 귀는 아직 멀쩡해, 딴 데는 다 걸레짝이고."

망우역에 도착하자 노파만이 아니라 반절 이상의 사람들이 내렸다. 그녀는 노파가 앉았던 자리가 아니라 멀찌감치 떨어진 곳에 다시 앉았다.

열차가 구리역에 도착했을 때는 금촌역에서 출발했을 때와 승객 수가 엇비슷해졌다. 하지만 양정역과 도농역을 지나면서 달라진 것은 차창 밖의 풍경이었다. 같은 시골 풍경이라도 그 운치가 달랐다. 일산이나 파주 쪽은 언덕 같은 야산이 많아 아기자기하고 아늑했다. 하지만 이쪽은 산세가 제법 웅장해서 보고 있노라면 그대로 빠져드는 기분이었다. 그녀는 그제야 마음이 확 트이고 낯선 여행지에 도착한 사람처럼 가슴이 두근거렸다.

"이쪽이 경치가 좀 괜찮습니다."

그녀 생각에 구리역에서 올라탄 것처럼 여겨지는 중절모 노신사가 맞은편 자리에서 말을 걸었다.

"그러게요, 파주 쪽하고는 많이 다르네요."

"이쪽이 한강 상류라서 그럽니다. 그쪽은 한강 하류라서 산이 높지 않고 평평한 거죠. 그런데 파주에서 오셨으면 꽤 멀리에서 오셨네요? 혼자 오셨습니까?"

"네, 그렇게 됐어요."

노신사는 호주머니에서 손수건을 꺼내 콧잔등에 밴 개기름을 닦아냈다.

"그러시군요. 실례가 안 되면 어디까지 가시는지 물어도 괜찮겠습니까?"

"양수리까지요. 거기에 두물머리 보러 가요."

"아이고, 양수역에서 거기 생각보다 먼데. 여자분 혼자 가시기는 힘이 듭니다. 버스도 잘 안 다녀요, 거기까지는. 택시도 잘 안 잡히는데, 알아보고 오셔야지."

그녀는 이 노신사의 표정이 어떤 것인지 잘 알았다. 구멍가게 쪽마루에 혼자 앉아 있을 때도 이런 표정으로 은밀한 농을 걸어오는 손님들이 적지 않았다. 가벼운 마음으로 슬쩍 여자를 떠보려는 남자의 미소를 그녀는 익히 잘 알았다. 그럴 때 그녀는 남편 핑계를 대곤 했다.

"남편이 양수역에서 기다리기로 했어요. 낚시하신다고 둘째 아들하고 새벽에 먼저 일찍 나가셨어요."

물론 살아가면서 남편은 한 번도 그녀를 기다려준 적이 없었다. 혹은 그녀를 지켜줬던 적도 없었다. 이웃 사람들의 말만 듣고 그녀를 의심해서 손님들과의 관계를 캐물었던 적은 몇 번 있었다. 억울했고 남편이 원망스러웠지만 어쩔 수 없었다. 그 구멍가게 안이 오롯이 그녀의 세계였다. 남편과 아이 셋이라는 울타리를 깨고 나가는 건 상상하기 어려웠다. 물론 그녀도 딱 한 번 그 울타리를 벗어나려 했던 적이 있었다.

구멍가게에 찾아왔던 그녀 또래의 트럭 운전수 김 씨는 겉보기에는 투박했다. 눈도 작았고 피부도 거무튀튀했다. 하지만 콧대만은 남자답게 단단하고 높았다. 거친 삶을 사는 사내답지 않게 몇 마디 나눠보면 사람이 수더분하니 잘 웃었다. 그리고 그가 몸을 움직이면 혼자 사는 사내답지 않게 은은한 숲의 향기 같은 것이 풍겼다. 한곳에 박혀 사는 게 마음 편한 그녀와 달리 남자는 타고난 떠돌이였다. 그 남자는 산을 좋아해서 시간이 날 때면 정처 없이 트럭을 몰고 떠나 이 산 저 산 다닌다고 했다. 열 살 위의 남편이 늙은 아저씨 같다면 두 살 위의 그 트럭 운전수 김 씨는 오라비처럼 살가웠다. 김 씨는 초여름에 금촌으로 이사 와서 다음해 정월에 떠났다. 서로 친해진 뒤에는 아이스크림을 다 먹을 때까지 쪽마루에 앉아 이곳저곳 돌아다닌 여행담을 이야기해주었다. 그사이 아이스크림이 다 녹아 끈적끈적해진 손가락을 김 씨는 혀로 핥았다. 그 모습이 꼭 개구쟁이 어린아이 같아서 그녀는 괜히 웃음이 나올 때도 있었다.

김 씨는 전국 곳곳 산이란 산은 다 다닌 것처럼 떠들어댔다. 그런데 신기하게도 김 씨의 말만 들으면 지리산의 요란한 폭우나 설악산의 절경이 절로 그려졌다. 어느새 둘은 함께 손을 잡고 산비탈을 오르내리며 팔월의 녹음과 시월의 단풍을 본 사람들처럼 그렇게 구멍가게 안에서 계절이 지날수록 가까워졌다. 그러던 어느 날엔가 김 씨가 사 온 군밤을 함께 까먹던 겨울이었다. 김 씨는 사랑했던 여인과 깊은 산속 별장에서 사랑을 나눈 정담을 털어놓았다.

"그날따라 엄청 추웠거든. 그런데 산속에 있는 오래된 별장도 춥긴 마찬가지인 거야. 둘 다 오늘이 그날이다 생각하는데 보통 그래도 쭈뼛쭈뼛하잖아. 그런데 너무 추우니까 숙소에 들어가서 둘만 남자마자 와락 부둥켜안고……."

"망측하게…… 진짜 별 이야기 다 하시네."

그녀는 당황스럽고 얼굴이 붉어졌다. 하지만 벌거벗은 추억을 낮은 목소리로 얼마나 달콤하게 떠드는지 나중엔 괜스레 그녀의 기분이 이상해졌다. 하지만 딱 거기까지였다. 김 씨는 선을 넘지 않았고 그녀는 마음을 들키지 않으려고 노력했다.

하지만 두 사람이 마주 보고 떠드는 걸 본 이웃 사람들이 있었는지 김 씨의 말이 남편의 귀에까지 들어갔다. 남편이 또 화투에서 돈을 잃어 잔뜩 찌푸린 얼굴로 집에 돌아온 날이었다. 김 씨에 대해 캐물으면서 아무것도 없다는 그녀의 답변에 남편은 결국 손찌검을 했다. 그날 새벽 하느님께 올린 기도가 바로 그 저주의 기도였다.

열차는 양수역에 도착했다. 그녀는 중절모를 쓴 채 잘 가시라고, 인사하는 노인의 인사를 받아주고 열차에서 내렸다. 역사 바깥으로 나오니 도로 하나가 길게 뻗어 있었다. 양쪽에 카페가 늘어선 그 길을 따라 내려간 뒤에 다리를 건너야 두물머리였다. 가깝지 않은 거리였다. 하지만 남편을 저세상으로 보낸 뒤에 십 년 넘게 새벽마다 한 시간 가까이 학령산에 올랐던 그녀였다. 이깟 평평한 길쯤 삼십 분이건 한 시간이건 충분히 걸을 수 있었다.

일월이지만 평소와 달리 날씨는 그리 쌀쌀하지 않았다. 큰길 지나 모퉁이를 돌아 오른쪽 길로 가다 보니 다리 하나가 나왔다. 다리만 건너면 두물머리가 금방일 것 같았다. 하지만 그녀는 숨이 차서 잠시 길가에 서서 숨을 골랐다. 그때 그녀 앞에 승용차 한 대가 멈췄다. 운전석 쪽 차창이 내려가고 선글라스를 낀 올린머리의 볼이 통통한 여자가 고개를 내밀었다.

"할머니, 어디 가요?"

"나 두물머리 가요. 여기서 다리만 건너면 금방이지요?"

"무슨 소리야. 다리 건넌 다음 한참 또 역 반대쪽으로 올라가야 하는데. 잘됐네, 내가 그 근처 사는데 태워드릴까?"

그녀는 잠시 그 차를 탈까 하다 그만두었다. 낯선 사람이었고 존댓말과 반말이 섞인 여자의 말투는 어딘지 불량스러웠다. 낯선 사람이 혹시라도 차를 태워준다고 하면 절대 타지 말라고 신신당부하던 막내딸의 말도 떠올랐다. 막내딸이 사는 아파트의 한 노인이 실종됐는데 마지막으로 본 동네 주민이 노인이 검은색 승용차에 오르는 걸 봤다고 했다면서.

"아니에요, 다리 건너가면 우리 애들이 기다리고 있어요."

"그러세요? 아니, 그럼 어머니를 모시러 와야지. 왜 어르신을 여기까지 혼자 오게 하신데?"

"내가 그냥 그러라고 했어요."

그녀는 넉살 좋게 억지로 꾸며 웃었다.

"나이 먹을수록 걷고 운동도 해야지. 열차를 오래 탔더니 궁둥이가 배겨서 이렇게 좀 걸어야 좀 개운하다우."

하지만 선글라스를 낀 여인은 그 말에 별 대답 않고 차창을 올렸다. 그러더니 쌩하니 차를 운전해 다리를 건너가버렸다.

그녀는 다시 숨을 고르고 다리를 건너 두물머리 방향으로 걷기 시작했다. 하지만 그녀의 생각보다 두물머리로 가는 길이 가깝지가 않았다. 더구나 황량한 차도 옆에 난 길을 따라 걷고 있자니 이상하게 쓸쓸한 기분이 들었다. 그녀 옆에 그리고 이 세상에 영애 언니가 없다는 것이 그제야 실감났다.

'언니, 세상 참 웃기지. 언니가 시집가서 처음 나한테 보낸 편지에 두물머리가 그렇게 좋다고 놀러 오라고 했잖아. 그런데 어떻게 살면서 우리는 한 번도 같이 여기를 가보지를 않았을까? 어떻게 그렇게 많은 세월이 흘렀는데, 남한 북한도 아니고 서울 제주도도 아닌데 어떻게 여기를 함께 와서 두물머리를 못 봤을까?'

그녀의 아이들이 모두 초등학교나 유치원에 다니고 있을 때쯤 영애 언니는 어쩌다 일이 년에 한 번쯤 찾아왔다. 같은 경기도였지만 교통편이 애매해서 버스를 갈아타고 해서 꽤 시간이 걸리는 거리였다. 하지만 구멍가게를 지키고 있어야 하는 그녀보다 양수리에서 딸기 농사를 짓는 영애 언니가 조금은 더 자유로웠다. 초여름에 영애 언니가 가져온 딸기는 늘 달았다. 영애 언니는 그녀의 세 아이도 무척 귀여워했다. 아이들은 딸기는 좋아했지만 자주 보는 것도 아니고 어쩌다 일이 년에 한 번쯤 나타나는 엄마의 친구를 별로 반기지 않았다. 아이들에게 농사를 짓느라 얼굴이 꺼멓게 탄 영애 언니는 그저 낯설고 촌스러운 시골 사람이었다.

그녀 생각에 역 반대 방향으로 꽤 한참을 걸었다 싶을 때였다. 두물머리로 들어가는 샛길 표지판이 보였다.

샛길로 들어간 후 좁은 길을 따라 가니 갑작스레 널찍한 강물이 보였다. 두물머리는 두 갈래의 강줄기를 품에 안고 있었다. 산과 강물과 구름, 그리고 그걸 감싸고 있는 섬 끝이 어우러진 그림 같은 경치였다. 그녀는 서두르지 않고 천천히 겨울 강바람을 맞으며 그림 속으로 들어갔다. 두 갈래의 강이 하나로 만나는 지점과 짝을 맞추듯 웅장하게 서 있는 느티나무들이 풍경화의 정점을 이루었다. 하지만 영애 언니가 보여준 여름 사진 속의 두물머리와는 달랐다. 겨울의 두물머리를 그린 풍경화가 있다면 눈부시기보다 쓸쓸하게 아름다울 것 같다고 그녀는 생각했다.

한겨울이라 느티나무들은 푸른 잎을 잃고 새카만 가지만 남은 채였다. 그녀는 느티나무를 어루만지면서 지금은 세상에 없는 영애 언니와 자신의 남편을 떠올렸다. 그녀는 덤덤히 그 나무 아래 서 있었다. 어느새 한참 전에 묻어뒀던 김 씨의 얼굴과 그 싱그러운 숲의 냄새가 기억의 수면 위로 떠올라 그녀의 마음을 뒤덮었다.

남편에게 얻어맞은 다음 날 그녀가 멍든 얼굴로 구멍가게에 앉아 있을 때 김 씨가 찾아왔다. 그녀의 우윳빛 뺨이 보랏빛 멍으로 덮인 걸 보고 김 씨는 참담한 표정을 지었다. 그는 처음으로 그녀의 손을 힘껏 움켜잡았다.

"경순아, 이렇게 살지 말자. 내가 떠돌이지만 너 하나는 공주처럼 떠받들고 살 수 있다. 내가 일찌감치 마음으로 너를 포기했지만 지금 네 이런 꼴을 보고는 차마 못 견디겠다."

그 말을 듣고 그녀는 울음을 꺽꺽 삼키다가 다 토해냈다. 스무 살에 시집와서 다음 해에 첫애를 낳고 엄마로 살았던 그녀였다. 하지만 아직도 그녀의 마음 한구석에 어리고 사랑받고 싶은 여자애가 그렇게 숨어 있다는 사실에 스스로 놀라고 말았다.

"내가 오늘 일하러 떠난 다음에 사흘 있다 다시 돌아올 거야. 그때가 경순아 우리가 같이 떠나는 날이야, 알았지?"

울음결에 고개를 끄덕였는지 아닌지 그녀는 제대로 기억이 나지 않았다. 그 사흘 동안 그녀는 꿈결 속에 살고 있는 듯했다. 마음이 빙글빙글 돌아서 가끔은 배시시 웃음이 나고 어쩔 때는 속에서 구역질 같은 게 치밀었다. 사흘째 되는 날 뜬금없이 대낮에 영애 언니가 구멍가게로 찾아왔다. 얼굴의 멍은 희미하게 흐려졌으나 여전히 보랏빛으로 남아 있었다. 그녀는 영애 언니를 구멍가게에 딸린 조그마한 방으로 불러들였다. 낮은 목소리로 조심스럽게 그녀만이 알고 있는 비밀을 털어놓았다. 하지만 그 말을 들은 영애 언니의 얼굴은 잔뜩 일그러졌다.

"무슨 그런 화냥년 같은 생각을 하고 앉았어? 어떻게 어미가 자식 새끼들을 버리고 홀랑 떠날 생각을 해?"

그녀와 달리 남편과 사이가 좋았던 영애 언니는 안타깝게도 그때까지 아이를 갖지 못했다. 얼굴에 노기를 가득 띤 그 얼굴을 보고 그녀는 처음으로 영애 언니에게 정나미가 떨어졌다. 하지만 찬물 한 바가지를 뒤집어쓴 것처럼 정신이 번쩍 들었다. 그리고 그날 저녁 그녀는 남편에게 처음으로 대들고서 아이들을 데리고 친정으로 떠났다. 사흘이 흐른 뒤에 남편은 그녀의 친정으로 와 마당에 무릎을 꿇고 앉았다. 그녀가 다시 구멍가게로 돌아왔을 때 김 씨는 이미 트럭을 타고 영영 금촌을 떠난 뒤였다. 그녀는 그 후 영애 언니와 한동안은 서로 연락을 끊었다. 다시 전화를 걸어온 사람이 영애 언니였는지 그녀였는지 기억은 확실하지 않았다. 하지만 그때 그녀가 조심스레 속삭였던 말은 또렷이 기억이 났다.

"언니, 올 여름에 딸기 따가지고 나 보러 올 거지?"

그 후로 몇 년에 한 번 영애 언니는 어쩌다 딸기를 가지고 그녀를 보러 왔다. 하지만 그녀에게 두물머리로 놀러 오라는 말은 다시 꺼내지 않았다.

느티나무 아래에 서서 얼어붙은 강물을 바라보던 그녀는 조심스럽게 눈물을 닦아냈다. 영애 언니 때문에 이 그림 같은 두물머리 안에 들어왔다고 생각했지만 아니었다. 두물머리에 오니 그림 같던 어느 한 시절이 얼음장 밑의 강물처럼 그녀의 마음속에서 소리 없이 흐르더니 어느새 눈물이 되었다.

"혹시나 싶어 나와봤는데 여기 계셨네?"

누군가 풍경 속 그림처럼 서 있던 그녀에게 다가와 말을 걸었다.

선글라스는 벗었지만 되바라진 말투 때문에 그녀는 상대가 누구인지 금방 알아차렸다. 하지만 선글라스를 벗은 낯선 여자는 목소리와 어울리는 사나운 눈매는 아니었다. 오히려 누구에게나 살갑게 굴 법한 친절한 눈웃음을 머금었다.

"그런데 할머니 왜 혼자 있어요?"

그녀는 자신의 거짓말과 눈물을 들켜 창피했다. 하지만 그 여자는 그런 것에 전혀 신경 쓰는 눈치는 아니었다.

"할머니, 저기 봐요. 저 청둥오리 귀엽지 않아요?"

그녀가 손으로 가리킨 곳을 보니 빙판 위를 청둥오리들이 뒤뚱뒤뚱 걷고 있었다. 그 오리들은 그렇게 걷다가 날개를 푸드득 펼치고 얼음물로 뛰어들기도 했다. 그러다가는 또 어느새 얼음 위로 올라와 꽥꽥꽥 울며 걸어 다녔다. 그렇게 다니는 오리들의 꼴이 귀엽기도 하고 우스꽝스럽기도 했다.

"나는 저 오리들을 어렸을 때부터 보고 자랐어요."

"여기가 고향인가 보네요?"

"집도 바로 요 앞인데요, 뭘. 이 청둥오리들을 보면 그런 생각이 들어요. 사람 사는 게 힘들고 어렵고 슬프지만 그냥 몇 발자국 뒤에서 보면 얼음판 위의 청둥오리처럼 우스꽝스럽게 보이는 거 아닐까?"

"아직 한창 나이인데 늙은이 같은 생각을 하네."

그 말을 듣고 중년의 여자는 이제 막 사춘기에 이른 소녀처럼 키득거렸다.

"그렇죠? 그걸 가르쳐준 사람이 바로 이웃 할머니라 그래요. 엄마 친구분이셨는데 고향이 여기가 아니라 일산이래요. 일산에서 남자 하나 믿고 시집와서 아는 사람 하나 없는 양수리에서 살았는데 글쎄 오 년 넘게 아이가 안 생겼대요. 그런데 그렇게 금슬 좋던 아저씨가 결국 다른 여자에게 마음을 줬다지 뭐예요. 그 여자는 아저씨 아이를 가졌고요. 그 할머니 그때 여기 두물머리 느티나무에서 목을 매 죽으려고 했대요. 그런데 죽기 전에 가장 친한 고향 친구를 만나러 찾아갔더니 그 아주머니가 글쎄 아이들을 버리고 떠날 생각을 하더래요. 그것도 제대로 품에 한번 안겨본 적도 없는 그저 마음만 준 남자 때문에요. 그 꼴을 보니 기가 막혀서 버럭 화를 내고 양수리로 돌아오는데 이상하게 마음이 점점 편안해지더래요. 결국 양수리에 도착해서 목을 매러 두물머리 느티나무 앞까지 가긴 갔대요. 그런데 얼어붙은 강물 위에서 뒤뚱뒤뚱 걸어 다니는 청둥오리 꼴을 보고 자기도 모르게 한참을 웃었대요. 그 꼴이 자기 같고, 자기 남편 같고, 자기 친구 같고, 사람들 사는 꼴 같아서. 그게 우스운 걸 알게 되니, 그렇게 우스운 일 때문에 자기가 왜 이 아름다운 곳에서 죽나 싶었던 거죠. 언젠가 그 말을 그 친구에게 꼭 해주고 싶다 하셨는데 결국 하지 못하고 죽을 것 같다고 저에게 그러시더라고요. 어차피 그 친구는 두물머리의 쓸쓸한 아름다움도, 두물머리의 청둥오리가 뭔지도 모를 거라고요. 삶을 송두리째 빼앗겨 넋 나간 여자의 표정을 코앞에서 보고 눈치도 못 챘으니 뻔하지 않느냐고요."

언덕에서 용 나다

옛 속담에 이르길 개천에서 용 난다고 했다. 하지만 성남의 용이라면 개천이 아닌 언덕에서 나타날 게 틀림없었다. 성남은 언덕의 도시였다. 경사가 가파른 오르막을 따라 붉은 벽돌집들이 빼곡했다. 내가 사는 태평3동은 성남서초등학교 옆에 가파르고 긴 언덕이 있는 동네로 숨은 골목들까지 모두 언덕이었다.

영화 〈인셉션〉을 보면 도시 한쪽이 직각으로 구부러지는 꿈속의 장면이 등장한다. 여기서는 현실에서 그런 어마어마한 광경을 매일 볼 수 있다. 우리 집이 있는 태평3동 탄리로 151번길 골목에 서 있으면 멀리 보이는 언덕이 서서히 일어서는 것만 같았다. 성남 태평동 '꿈의 도시'란 제목으로 태평3동 골목 사진들을 올린 블로거들도 있을 정도였다. 망원렌즈로 찍어놓은 태평3동 골목은 영화 〈인셉션〉 속 꿈의 도시와 비슷했다. 그 사진 속 태평3동은 언덕 한쪽이 벌떡 일어나서 나머지 다른 언덕을 해일처럼 덮칠 듯했다.

안타깝게도 사진의 제목과 달리 내가 사는 태평3동이 꿈의 도시는 아니었다. 꿈이라면 차라리 깨고 싶지만 그럴 수가 없었다. 나는 태평3동에서 태어나 가파른 언덕을 오르락내리락하며 학교를 다녔다. 겨울이면 빙판길로 변한 언덕에서 엉덩방아를 찧은 적이 한두 번이 아니었다. 저녁 자율 학습을 끝내고 출출한 배로 기운 없이 언덕을 오르노라면 턱턱 숨이 막혔다. 태평3동 곳곳에 자리한 고개는 정말이지 내가 탈출하고 싶은 곳이었다. 꿈은 깨어나면 그만이지만 현실에서 태평3동의 언덕들을 벗어나려면 용이 되어야 했다. 개천은 아니고 언덕에서 하늘로 올라가는 그런 '언덕용' 말이다.

나는 독을 품고 악착같이 공부했다. 같은 반 녀석들이 PC방 가고 축구할 때 오로지 교과서와 참고서만 파고들었다. 우리 가족과 떨어져 사는 엄마를 졸라 일류대 형과 누나 들에게 과외를 받았다. 친구들이 '공부충'이라고 놀려댔지만 상관없었다. 태평고개를 벗어나 언덕용으로 살 수 있는 방법은 그것밖에 없었다. 결국 모든 입시생이 꿈꾸는 S대학교 지역 균형 티켓을 따냈을 때는 용으로 변해 하늘을 날 것 같은 기분이었다.

나는 집으로 향하는 언덕을 맥없이 올라갔다. 면접까지 끝냈지만 내 기분은 날아가는 게 아니라 곤두박질치는 것만 같았다. 내신은 완벽했고 수능도 탐구영역이 2등급인 것만 제외하고 다른 영역은 모두 1등급이었다. 선생님 말씀이 지역 균형 면접은 일반 수시하고 달리 거의 요식 행위나 다름없으니 큰 걱정은 하지 말라고 했다. 선생님의 말씀대로 열 명의 면접관이 십 분 정도 내게 돌아가며 질문했다. 자기소개서에 적힌 내용이나 고교 시절의 학교 활동 등에 대한 질문에 성실하게 답했다. 하지만 마지막 질문 하나에 삐끗했다.

"남들보다 좋은 기회를 얻은 걸 텐데 말이야. 나중에 우리 학교를 졸업한다면 그 좋은 기회를 어떻게 다시 되돌려줄 생각이지?"

"S대학에 말입니까?"

그 말에 면접관이 슬그머니 웃었다. 나는 그 웃음을 알았다. 그건 만족스러워 웃는 웃음이 아니라 비웃음이었다.

"아니, 여기가 무슨 대기업 입사 시험장이야? 그게 아니라, 남들보다 좋은 기회를 얻었으니 그 기회를 나중에 어떻게 사회에 돌려줄 거냐는 질문이야."

나는 그 말을 듣고 숨이 턱 막혔다. 내가 얻은 기회를 남에게 돌려준다는 걸 생각해본 적은 없었다. 나는 S대학을 발판으로 언덕용이 되어 더 높은 곳으로 훨훨 날아가고 싶을 따름이었다. 하지만 재빠르게 머리를 굴려 탐구영역 참고서를 공부할 때 예문으로 봤던 글 한 편을 떠올렸다. 사회복지에 대한 신문 칼럼이었는데 북유럽과 우리나라의 시민 복지를 비교한 내용이었다. 나는 그걸 읊듯이 외어 말했다. 그러고서 고위 공무원이 되어 사회복지에 힘쓰겠다고 대답했다. 솔직히 내가 읊은 칼럼에 대해 평소에 거의 생각해본 적이 없었다. 정답을 찾으려고 예문에 집중해서 몰두했기에 머릿속에 내용이 남아 있을 따름이었다. 하지만 면접관에게 대답하는 내내 자꾸만 말을 더듬었다. 정답을 말하는 데는 익숙했지만 선생님들한테 태연하게 거짓말하고 결석하는 녀석들 같은 재주가 내겐 없었다. 친구들 말대로 꽉 막힌 공부충 같은 애가 바로 나였다.

더구나 내가 언덕용이 되기 위한 마지막 관문에서 거짓말을 해야 할 줄은 정말 몰랐다. 집으로 돌아오는 내내 두 가지 생각이 머릿속에 맴돌았다. 지역 균형 면접은 별것 아니라는 생각, 또 하나는 거짓말로 한 대답 때문에 마지막 질문을 했던 면접관이 언덕용의 기회를 박탈하면 어쩌나, 하는 걱정이었다.

"와, 우리 언덕용 왔냐?"

현관문을 열고 들어가자 프라이팬에 계란을 지지는 달콤한 냄새가 풍겨왔다. 파와 당근, 양파, 거기에 약간의 설탕을 첨가했을 뿐이지만 아빠의 두툼한 계란말이는 이상하게 사람을 흐뭇하게 만드는 힘이 있었다. 하지만 오늘은 그 냄새도 나에게 별로 위로가 되지 못했다.

나는 꾸벅 인사하고는 방으로 들어가 가방을 내던졌다. 그리고 교복도 벗지 않고 침대에 벌렁 드러누웠다. 한숨이 절로 터졌다. 누리끼리하게 때가 탄 낮은 천장이 유달리 더 답답하게 여겨졌다. 눈을 감고 누워 있는

데 아빠가 뒤집개를 손에 든 채 슬그머니 방문을 열었다.

"언덕용, 왜 그러냐?"

"이제 언덕용 소리 좀 그만해."

"너 그 별명 재미있다고 했잖아."

"지금은 재미 하나도 없거든."

언덕용이란 별명을 붙여준 사람은 아빠였다. 내가 출세해서 태평3동의 언덕을 떠나고 싶다고 투덜대자 그럼 개천이 아닌 언덕에서 날아가는 '언덕용'으로 살라며 붙여준 별명이었다. 그러면서 아빠는 껄껄 웃었다. 아빠는 시인이었다. 대머리에 얼굴과 몸이 동그랗고 두 눈은 늘 웃고 있었다. 나는 어린아이 같고 가끔은 나보다 더 순진한 것 같은 동글동글한 아빠가 싫지 않았다. 하지만 가끔씩 우리 집이 가난하고 태평동 언덕 낡은 다세대 주택에 사는 게 다 아빠 때문이라는 생각이 들면 불끈 속이 상했다.

"피곤해. 잠깐 누워 있을게."

"야, 너 그럴 때 네 엄마 같다. 사내자식이 픽 토라져서는."

그러더니 문을 닫으려다 슬그머니 고개를 내밀었다.

"어쨌든 오늘 잔치하려고 준비했으니까 저녁은 꼭 먹어라."

나는 아무 대답도 하지 않았다.

대학에 합격한 것도 아닌데 잔치라니 어이가 털렸다. 하지만 아빠는 오늘부로 입시생의 지옥 코스를 모두 끝냈으니 마땅히 잔치를 해야 한다고 별렀다. 지역 균형 수시에서 떨어지면 다시 정시를 봐야 하건만 아빠는 내가 떨어질 거라곤 상상도 못하는 듯했다. 더구나 계란 시인께서는 그저 세상을 둥글게만 볼 뿐 신문이나 뉴스는 제대로 안 보는 모양이었다. 기껏해야 고등학교 삼 학년인 나도 요즘 세상은 대학 가서도, 취직해서도, 직장에서 승진할 때도 계속 입시생이라는 사실을 잘 알고 있건만.

그때 스마트폰에서 카톡 알림음이 들려왔다.

'아들, 면접은 잘 보고 왔지? 엄마는 우리 아들이 더 나은 사람이 될 수

있을 거라 믿어.'

파주에 홀로 사는 엄마에게서 온 카톡 메시지였다. 엄마는 파주 출판단지에 위치한 대형 출판사의 편집국장이다.

나는 돌아오는 버스 안에서 친구들과 계속 카톡 메시지를 주고받았다. 내가 친구들에게 보낸 메시지는 거의 비슷했다. 망했다, 망함, 망, 개망, 완전 개망…… 이렇게 계속 망망망망 하다가 끝냈다. 하지만 엄마에게 그렇게 보낼 수야 없었다. 나는 간단하게 괜찮다는 식으로 짧은 메시지를 보냈다. 엄마는 길고 긴 카톡 메시지를 더 보내왔다. 나를 어마어마하게 사랑하고, 함께 오래 못 있어줘서 미안하다, 하지만 대견하다, 라는 내용이 담긴 메시지였다. 그 긴 문장들을 보고 있자니 그저 길다, 라는 생각만 들 따름이었다. 나는 짧게 답장을 보내고 스마트폰으로 게임을 시작했다.

엄마를 실제로 보는 건 한 달에 두 번 정도였다. 엄마와 아빠는 따로 살았다. 주변의 몇몇 애들처럼 나도 한 부모 가정 아이였다. 하지만 부모님의 다툼 때문에 이혼하는 집안과 다르게 엄마 아빠는 헤어진 이유가 좀 남달랐다. 둘은 흔히 말하는 가짜 이혼이었다.

내가 태어나기 전에 시인인 아빠와 시인 지망생인 엄마는 결혼해 자그마한 출판사를 차렸다. 두 사람 모두 출판사에서 일했고 출판사에서 만나 연애했다. 하지만 엄마와 아빠는 좋은 글을 쓰고 좋은 글을 보는 눈이 뛰어났지만 그걸 파는 능력은 빵점이었다. 엄마 말에 따르면 주변 출판인들이 다른 곳에서 십만 부쯤 팔릴 법한 책들이 엄마와 아빠 손을 거치면 잘해봤자 만 부나 팔린다고 했을 정도였다. 특히 엄마보다 아빠 쪽이 더 심했다. 엄마가 출산하고 집에서 육아에 힘쓰는 사이 아빠 혼자 운영하던 출판사 '산들'은 점점 빚더미에 올라앉았으니까. IMF가 터진 후 오 년 동안 빚으로 버티던 작은 출판사는 결국 감당할 수 없는 큰 빚만 남긴 채 문을 닫았다. 아빠는 엄마에게 큰 빚이 넘어가는 걸 막으려고 가짜 이혼을 하자고 했다. 그 후에 아빠가 성남에 친구가 하는 보일러 회사에 취직하면서 우리 식구는 출판사가 있던 신촌에서 이 언덕의 도시로 넘어왔다. 그리고 아빠는 성남에서 시를 쓰는 대신 보일러 수리 기술을 배웠다.

나는 철들고 난 다음부터 종종 엄마나 아빠가 내 이름을 부르면 괜히 미안해졌다. 내 이름은 산들이었다. 남자 이름치고는 너무 부들부들하고 간지러워 마음에 들지 않았다. 더구나 산들이란 녀석이 태어남과 동시에 출판사 '산들'이 망한 것 같다는 생각이 들 때도 있었다. 물론 엄마 아빠에게 이런 속이야기를 한 적은 없었지만.

"산들아, 밥 먹자."

아빠가 부르는 소리에 나는 방문을 열고 나갔다.

좁은 거실 겸 주방이 더 좁게 여겨질 만큼 큰 상이 차려져 있었다. 배불뚝이 남자 혼자 준비했다고 믿을 수 없을 정도로 상 위에는 잔치 음식이 그득했다. 새우, 오징어, 호박 등등 대여섯 종류나 되는 튀김이 노릇노릇했다. 아빠의 튀김은 노점에서 파는 것보다 더 바삭하고 고소했다. 쇠고기를 넣은 궁중떡볶이 냄새도 일품이었다.

오죽하면 빚을 다 갚으면 분식집을 차릴 계획까지 세웠던 아빠였다. 하지만 나나 엄마나 잘 알았다. 요리를 잘하는 것과 식당을 잘 운영하는 건 하늘과 땅 차이라는 걸 말이다.

잡채나 해파리냉채도 상에 있었다. 그건 나보다 엄마가 더 좋아하는 음식이었다.

'오늘 엄마도 오기로 했나? 그런데 왜 카톡으로 아무 메시지도 안 보냈지?'

"산들아, 이거 탕수육 먼저 먹어봐."

달짝지근한 소스를 끼얹은 탕수육이 밥상 중앙에 놓여 있었다.

"이것도 아빠가 직접 만든 거야?"

내가 상에 앉으면서 물었다.

"그러엄, 내가 요리 블로그 보고 배웠잖아. 먹어봐, 산들이 너 탕수육 좋아하잖아. 요즘 탕수육 그게 탕수육이냐? 밀가루 돼지떡이지. 내가 돼지고기 두툼하게 썰어서 만들었으니까 한번 잡숴만 봐. 너 좋아하는 파인애플도 듬뿍 넣었어."

아빠가 두툼한 손바닥으로 밥상을 탁, 내려치며 말했다.

나는 마침 배가 고팠기에 젓가락으로 큼지막한 탕수육을 집어 입에 넣었다. 볼이 미어지도록 큰 고깃덩이를 씹는 내내 튀김옷은 바삭거리고 고기는 부드러웠다. 거기에 달짝지근한 탕수육 소스가 혀끝을 감쌌다. 오늘 면접을 망친 것 같은 기분이 탕수육 한입에 녹아내리다니, 아빠의 요리 솜씨가 정말 대단하긴 대단했다. 아무래도 아빠가 정말 분식집을 해보겠다고 도전한다면 엄마와 달리 나는 찬성 쪽에 표를 던져야 할 것 같았다.

"맛있냐?"

나는 고개를 끄덕였다. 우리 부자는 밥상에 차린 음식들을 기분 좋게 먹어치웠다. 밥 한 그릇을 뚝딱 비우고 배를 두드리는데 나를 바라보는 아빠의 얼굴이 느껴졌다.

"산들이가 대학 시험 보면 이렇게 잔치해주고 싶었어."

아빠가 밥상을 치우면서 말했다.

"왜?"

"아빠네 집은 옛날에 아주 가난했거든. 대학 시험을 잘 보고 집에 왔는데도 부모님은 걱정뿐이었어. 어떻게든 출세를 시키려면 대학에 보내야 하는데 등록금 마련하기가 빠듯했으니까. 아빠는 그때 부모님 마음을 알면서도 섭섭했다. 나라면 그동안 고생했다고 중국집에 가서 탕수육이라도 사줄 텐데 싶어서 말이야. 고작해야 산들이 나이였으니까."

"응, 그런데 아빠 그걸 아셔야지. 지금도 아빠나 나나 다 가난하잖아."

갑자기 아빠가 껄껄 웃었다.

"녀석아, 그래도 그때 아빠네 집만큼은 아니거든. 하여튼 그래서 아빠는 그때 다짐했어. 내가 이다음에 색시 만나서 결혼하고 자식 새끼들 낳으면 그 새끼들 대학 시험 보고 집에 돌아왔을 때 꼭 탕수육을 해줄 거라고. 그래서 오늘 아빠 소원 성취한 날이야."

"그럼 이거 완전 내 덕이네. 오늘 아빠 기분 좋은 게."

"그래, 맞다. 너 잘났다. 아주 잘난 아드님 덕에 오늘 아빠 기분 최고다."

나는 면접을 망쳤다고 아빠에게 말하지 않은 게 다행이라 생각했다. 오늘 엄마가 혹시 오느냐고 묻지 않은 것 역시…….

아빠는 밥상을 치워놓고 물을 끓였다. 아빠는 커피 가루를 꺼내고 드리퍼와 여과지, 머그컵을 준비했다.

"산들이도 커피 마실래?"

"아니, 나는 그냥 냉장고에서 콜라 꺼내 마실래. 트림하고 싶어."

나는 냉장고에서 콜라를 꺼내 컵에 따랐다. 콜라를 홀짝거리며 천천히 원두커피를 내리는 아빠를 보았다. 아빠의 유일한 사치는 저 내려 마시는 커피였다. 아마 담배는 끊어도 커피는 끊지 못할 게 틀림없었다. 아빠가 주둥이가 긴 은색 드립포트로 커피 가루에 뜨거운 물을 붓자 풍성한 거품이 일었다. 그리고 여과지를 통과해 머그잔으로 커피가 천천히 떨어졌다. 커피를 내리는 아빠의 얼굴은 무표정해도 행복해 보였다. 그 순간 아빠는 시인 같았다. 아빠의 마지막 시집이 나온 지 십 년이 훌쩍 넘었다. 그 책은 엄마 아빠의 출판사 '산들'의 마지막 책이었다.

아빠는 오롯이 시인으로만 살 수 없었다. 먹고살기 위해 보일러를 고치고 또 낡은 보일러 대신 새 보일러를 놓으라고 손님들을 괜스레 부추겨야 했다. 엄마 또한 아빠가 버는 돈만 보고 살 수는 없었다. 엄마가 이 동네를 떠나서 파주 출판 단지로 간 까닭도 그래서였다. 엄마는 그 출판사에서 밤을 새워가며 악착같이 일해 편집국장에 올랐고 지금은 아빠보다 돈도 두 배는 넘게 벌었다. 엄마는 꼬박꼬박 십 년째 월급의 거의 대부분을 아빠에게 보냈다. 아니다, 아빠가 아니라 은행에 보내는 돈이었다.

아빠는 머그컵을 들고 낡은 싱크대에 몸을 기댔다. 그리고 커피를 몇 모금씩 천천히 마셨다. 아빠가 허겁지겁 먹지 않는 건 커피가 유일했다. 소주도 한 번에 팍팍 꺾었고 밥은 우걱우걱 커다란 개처럼 씹어 삼켰다. 하지만 커피를 마실 때 아빠는 거북이처럼 느려졌다.

"아빠는 어렸을 때도 커피 좋아했어?"

"아니, 초등학교 때는 수돗가에서 물로 배 채우고 그랬다. 커피는 무슨, 밥도 제대로 못 먹었어, 인마. 가난한 집 둘째 아들이라 중간에 끼여서 늘 눈칫밥만 먹고 살았다."

"그런데 지금 왜 이렇게 아빠는 살쪘어?"

아빠는 다시 한 번 웃었다.

"못 먹은 게 한이 돼서 눈에 보이는 건 다 미어지도록 먹어야 직성이 풀렸다!"

나는 아빠의 불룩한 배를 물끄러미 바라보았다. 그 배 속에 내가 모르는 아빠의 옛날 옛적 모습이 담겨 있는 것도 아닐 텐데 말이다.

천천히 싱크대 앞으로 가서 고무장갑을 꼈다. 얻어먹었으면 밥값은 해라. 그래야 설령 거지가 된들 배은망덕한 거지로 살지 않는다. 그게 어린 시절부터 아빠가 내게 가르친 교훈이었다. 그건 아빠의 마지막 시집에 실린 시 중 하나였다. 제목은 '인생'이었고 밥값과 거지가 나오는 문장이 그 시의 첫 연이었다. 마지막 연은 이렇게 끝났다.

'허름한 사람일지라도/헐벗은 승냥이가 되지 않기 위해/걸어가는 길'

"그런데 되게 신기한 게 아빠가 커피는 또 천천히 마시잖아? 그건 왜 그래?"

내가 수세미에 주방 세제를 꾹 눌러 짜며 물었다.

하지만 밥공기 두 개를 닦는 동안 아빠는 아무 대답이 없었다. 나는 아빠가 못 들었나 싶어 다시 물어볼까, 하다가 그만두었다.

"네 엄마, 커피 마시는 모습에 반했거든. 우아하게 천천히 커피 마시는 모습. 그거에 맞춰주다 보니까 커피는 이렇게 됐지."

아빠는 그렇게 말하고서 싱크대에 머그컵을 올려두고 안방으로 들어갔다. 안방에서 곧 텔레비전 켜는 소리가 들렸다. 나는 고무장갑을 낀 채 머그컵 입술 닿는 곳에 남은 갈색 얼룩을 잠시 바라보았다.

그날 밤 잠들기 전에 엄마에게 다시 한 번 카톡 메시지가 날아왔다.

'아들, 토요일 오후에 시간 괜찮아? 엄마 볼 수 있을까?'

나는 그렇다고 답장을 보냈다. 나도 엄마에게 실은 할 말이 있었다.

'엄마가 일 때문에 남한산성 가야 하는데 같이 가주면 좋겠는데.'

매일 언덕을 오르는데 또 언덕에 있는 남한산성까지 가야 한다고? 나는 종아리가 묵직하게 당겨오는 기분이었지만 엄마에게 괜찮다고 답장을 보냈다.

'아빠한테 이야기하지 말고 혼자 오면 좋을 것 같은데, 괜찮지?'

그 문자를 보니 기분이 이상해졌다. 그동안 대학 입시에 집중하느라 신경 쓸 여유가 없었다. 그런데 곰곰이 따져보니 엄마 아빠가 한자리에 있던 게 올 여름이 마지막이었다. 그때는 수험생인 내 기분을 전환시켜준다며 아빠가 직접 차를 운전해 바닷가에 갔다. 내가 모래사장에서 뛰어놀다 돌아와 보니 텐트 안에 엄마와 아빠가 낮은 목소리로 조심스럽게 대화를 나누고 있었다. 엄마가 입술을 파르르 떨고 있었는데 눈물을 흘리는 것도 같았다. 나는 텐트에 들어가기가 멋쩍어서 괜히 해변을 한 바퀴 더 걷다가 돌아왔다.

그리고 가을엔가 엄마하고 점심을 먹고 헤어질 때 그때 일을 슬그머니 물어봤다. 엄마는 별일 아니라는 듯이 담담하게 대답했다.

"아이고, 엄마 걱정했구나. 별거 아니야. 이제 우리 산들이가 걱정하던 그 빚 거의 다 갚아서 흘린 눈물이야. 아들은 걱정하지 말고 수능 시험에나 신경 쓰세요."

토요일 오후 점심때 지하철 8호선 산성역 출구에서 엄마를 기다렸다. 아빠에게는 친구들을 만나러 간다고 둘러댔다. 산성역 입구에서 보니 주말이라 그런지 남한산성 쪽으로 올라가는 차들이 꽤 많았다.

잠시 후, 빵빵 하는 경적 소리가 들렸다. 고개를 돌려보니 엄마가 차창을 내리고 내게 손을 흔들었다. 나는 다가가서 머쓱하게 엄마에게 인사했다.

"아들, 왜 그렇게 표정이 시무룩해. 추워서 화났어?"

"면접 망쳤거든."

며칠 내내 머릿속에 마지막 면접관의 비웃음이 떠올랐다. 아무래도 언덕용의 기회를 놓칠 것만 같았다. 슬프지만 지역 균형이 아닌 정시로 내가 S대에 갈 수 있는 확률은 로또 2등에 뽑힐 확률과 비슷했다.

엄마는 차에서 내려 내 어깨를 어루만지며 우선 밥부터 먹자고 했다. 엄마는 좋고 나쁜 감정을 쉽게 드러내지 않는 성격이었다. 그 점이 아빠하고 달랐다. 아빠는 기분이 좋았다가 나빴다가 들쑥날쑥했다. 일일드라마를 보고 눈물을 흘리고 뉴스를 보면 화가 나서 홀로 소주를 마시는 남자였다. 반대로 엄마는 언제나 진중한 사람이었다. 그런 까닭에 무슨 고민이 있을 때 털어놓는 사람은 아빠가 아니라 엄마였다.

닭갈비집에서 점심을 먹는 내내 엄마는 내 면접에 대해서는 묻지 않았다. 우리 둘은 말없이 그저 밥만 먹었다.

"그런데 엄마, 남한산성에는 왜 가려고?"

답답해진 나는 괜히 그런 거나 물었다.

"아, 출판사에서 우리나라 대표 유적지를 소재로 동화를 쓸 계획이야. 그 전집 기획에 남한산성이 들어 있어서 미리 둘러보려고."

"또 어디어디 해?"

"전집이 서른 권쯤 되니까. 우리나라에 유명한 곳은 다 하겠지? 경복궁, 덕수궁, 불국사, 행주산성, 해인사, 석굴암……."

"그렇게 유명한 곳에 남한산성도 포함되는 거야?"

그 말을 듣고 엄마가 웃었다.

"왜 산들이가 보기에 남한산성은 별로인 거 같아? 유네스코 세계문화유산으로 지정된 거 몰라?"

"알지, 아는데 내가 사는 성남에 있으니까 이상하게 별로 대단하게 안 느껴져. 초등학교 때 갔을 때도 그냥 넓은 공원이랑 비슷했고."

"너 남한산성에서 무슨 일이 있었는지는 알지?"

"병자호란 때 인조 임금이 거기서 항복했잖아. 나는 그래서 남한산성이 좀 창피하다고 생각했어. 싸움에서 승리한 역사가 있는 성이 아니라 패배했던 역사가 있는 성이잖아."

"산들아, 꼭 승리하는 것만이 중요한 게 아니야. 사람은 언제나 이길 수는 없는 거야. 패배에서도 배울 수 있는 게 있어. 다만 패배에서조차 배우지 못하면 그게 문제인 거야."

엄마의 말이 무슨 말인지 이해는 할 수 있었다. 엄마는 출판사 '산들'의 문을 닫은 뒤로 악착같이 노력한 끝에 유명 출판사의 편집국장까지 오를 수 있었다.

하지만 내가 S대 입시에 실패하면 거기서 배울 수 있는 건 뭘까? 변수가 있는 질문에 대비해서 미리미리 시사 상식을 꿰고 있으라는 거?

식사를 끝내고서 엄마의 차를 타고 남한산성으로 향했다. 올라가는 차도는 굽이굽이 가팔랐다. 엄마는 소화도 시킬 겸 남한산성의 성곽을 따라 한 바퀴 빙 둘러보자고 했다.

"나는 등산은 싫은데."

내가 툴툴거렸다. 태평3동의 언덕을 매일 오르내리는 것도 힘든데 굳이 산을 오르고 싶진 않았다. 아무리 건강에 좋다고 한들 등산은 나에게 맛없는 채소 브로콜리 같은 거였다.

"산에 오르는 게 아니라 산책이지, 이건."

엄마는 남한산성 안에 있는 남문 주차장에 차를 세웠다.

차에서 내리니 산성을 빙 둘러싼 산의 경치가 제법 근사하게 느껴졌다. 숨이 확 트이는 기분이었다.

"산들아, 우선 남문 쪽으로 올라가보자."

우리는 말없이 오르막길로 오르기 시작했다.

"나쁜 소식 듣기 전에 엄마가 좋은 소식부터 말해야겠다."

"무슨 소식인데?"

"드디어 이번 달 끝으로 우리 집 빚 다 갚았어."

하지만 엄마의 얼굴은 생각보다 그렇게 행복해 보이지는 않았다.

"그러니까 산들이는 엄마 아빠가 빚쟁이라고 걱정할 필요 없어."

그러면서 엄마는 내 코를 잡아 가볍게 비틀었다.

"그럼, 이제 산들이가 나쁜 소식 들려줄래? 면접 왜 망쳤어?"

나는 머뭇거리다가 면접에서 내가 겪은 일을 털어놓았다.

"그러니까 정답을 제대로 이야기 못한 것 같다?"

"맞아, 솔직히 나는 복지가 왜 중요한지 모르겠어. 어떤 사람이 자기가 실수해서 가난하고 노력하지 않아서 가난한데, 왜 나라에서 도와줘야 해? 그냥 그건 남들보다 노력을 덜 해서 그런 거 아니야?"

나는 학교에서 그런 친구들을 많이 보았다. 시험공부는 제대로 하지 않고 시험 기간이 다 되어서야 나한테 다가와서 시험 문제에 나올 것 같은 문제 찍어달라는 놈들 말이다. 그런 놈들을 보면 한심하기 짝이 없었다.

"맞아, 사람은 노력이 필요하지. 노력하지 않으면 얻을 수 있는 게 아무것도 없는 거야."

엄마는 그러고서 입을 꾹 다물고 걷기만 했다.

엄마를 따라 오르막길로 조금 올라가니 남한산성 남문인 지화문에 도착했다. 나는 자그마한 남대문처럼 생긴 지화문을 통해 산성 밖으로 나가보았다. 밑에서부터 뻘뻘 땀을 흘리며 올라오는 등산객들의 행렬이 꽤

길었다.

'다행이다. 엄마가 산 밑에서부터 걸어오자고 했으면 지금쯤 다리가 다 후들거렸을 거야.'

엄마 말에 따르면 지화문은 남한산성을 대표하는 남문으로 이 문 말고도 남한산성에는 동문, 북문, 서문이 있다고 했다.

"산들아, 그럼 성곽을 따라서 한번 걸어가볼까?"

"다 걸어온 거 아니야?"

"아니야, 성곽길을 따라서 한 바퀴 빙 돌 거야."

남한산성을 둘러싼 성곽은 그다지 높지 않았다. 그래서 성곽 너머로 산 아래의 도시 풍경이 모두 보였다. 게다가 성곽길은 평평하지 않고 올라갔다 다시 또 내리막길로 내려오는 식으로 구불구불해서 꼭 용의 몸통 위를 조심스레 걷는 기분마저 들었다.

"산들아, 잠깐 쉬었다 가자."

성곽을 따라 한참을 걷다 보니 벤치가 있는 자그마한 쉼터 같은 곳이 나왔다. 엄마는 그곳에 앉아 핸드백에서 손수건을 꺼내 땀을 닦았다. 엄마는 물끄러미 성곽 너머를 바라보았다. 나는 벤치에 앉는 대신 성곽에 팔을 걸치고 그 아래 펼쳐진 도시를 내려다보았다.

이제 겨우 대학 입시를 치른 내 눈에 남한산성에서 보는 도시는 그저 자그마한 블록처럼 보였다. 하지만 출세한 언덕용이 되면 그 도시가 다르게 보일 것 같았다. 그 도시를 마음대로 움직일 수 있는 힘을 가진 사람이 바로 언덕용일 테니까.

"산들아, 이제 다시 가보자."

엄마는 걸을 차비를 하며 말했다.

나는 엄마의 뒤를 따라 다시 성곽길을 걸었다.

"산들아, 그런데 노력으로 다 되는 건 아니야."

"갑자기 그게 무슨 말이야?"

"아까 산들이가 한 말에 대해서 계속 생각해봤거든. 엄마가 이 나이쯤 되니까 알겠어. 세상은 정답 노트가 아니라 마법의 오답 노트 같은 거야. 분명 정답이라고 생각해서 답을 적었는데 그 답이 갑자기 오답으로 변한단다. 그래서 노력해도 언제나 성공하리란 보장은 없는 게 이 세상이더라고."

그건 그랬다. 인생에는 언제나 뚜껑 열린 맨홀이 있다는 걸 이번 면접을 보면서 나도 배웠다.

"엄마 아빠가 처음 출판사를 했을 때는 꿈이 많았어. 좋은 책을 만들어서 사람들에게 보여주는 것만으로도 세상이 조금은 더 밝아질 줄 알았어. 우리는 좋은 일을 하는 성실하고 착한 사람들이라고 생각했지. 아빠가 빚을 얻고 또 빚을 얻었을 때도 우린 좋은 일을 하는 사람이니까 그렇게 끝나지는 않을 거라 믿었을 거야."

엄마는 걸음을 멈추지 않으면서 계속 말했다.

"하지만 산들이도 잘 알지? 그다음에 무슨 일이 있었는지?"

엄마의 걸음걸이는 점점 더 빨라졌다.

솔직히 나는 엄마와 아빠가 행복한 부부였던 때를 알지 못했다. 태평3동에 내려왔을 때 두 사람은 이미 가짜 이혼을 한 상태였다. 엄마는 자주 아빠에게 화를 냈고 저주를 퍼부었다. 그 무렵 엄마는 성남에서 이런저런 잡일을 했는데 기억은 나지 않지만 엄마는 그 일들 때문에 지쳐 있었다. 사람 좋은 아빠 또한 그런 엄마를 받아주다가는 말없이 집을 나가곤 했다. 나는 해질 무렵 아무도 없는 집에서 엄마가 칼로 천천히 몽당연필을 깎던 모습을 기억했다. 몽당연필을 날카롭게 깎고 그 칼을 물끄러미 바라보던 엄마의 표정도 기억했다. 그 표정은 지금 엄마의 얼굴에서는 찾아보기 힘든 표정이었다. 그때 엄마는 열심히 깎아놓은 몽당연필을 쓰레기통에 버렸다. 엄마의 표정이 달라진 건 아는 선배의 소개로 파주 출판 단지의 출판사에 들어간 다음부터였다. 그리고 출퇴근 시간 때문에 파주 쪽에 방을 하나 얻은 뒤로 엄마는 성남에 나타날 때마다 얼굴이 점점 밝아졌다.

"가끔 엄마는 그런 생각을 해. 만약 처음부터 엄마 아빠를 누군가가 도와주었다면, 그래서 엄마와 아빠가 좀 더 빨리 빚을 갚을 수 있었다면 더 좋았을 거라고 생각해. 어쩌면, 지금보다는, 더."

언덕을 오르느라 숨이 차서인지 엄마는 조금 호흡이 가빠졌다.

엄마의 말은 왜 복지가 필요한지에 대한 정답은 아니었다. 하지만 면접관이 물었을 때 내가 참고서에서 읽었던 예문이 아니라 엄마와 아빠의 삶에 대해 말했다면 더 나았을 거란 생각은 들었다. 그러면 그건 거짓말은 아닐 테니까 내가 말을 더듬지도 않았을 터였다. 하지만 이미 지난 일이었다. 지난 일은 되돌릴 수 없다. 남한산성에서 인조 임금의 패배를 되돌릴 수 없는 것처럼. 그저 엄마의 말대로 패배에서 배울 수 있을 따름이었다.

"그런데 이 성곽 때문에 남한산성이 유네스코 세계문화유산으로 지정된 거야?"

나는 아무리 걸어도 성곽이 그렇게 대단한 건지 알 수 없었다.

"아니, 그보다는 이 성곽에 기록된 시간 때문일 거야."

"시간? 여기 시간이 어디 있어?"

"사실 남한산성은 조선 시대에 처음 쌓은 게 아니거든. 신라 문무왕이 이 터에 주장성이란 성을 쌓았어. 그 성의 옛터에 남한산성을 쌓은 거야. 그런데 그 신라 문무왕 이전에 백제의 시조인 온조왕이 이곳에 성을 쌓았다는 옛이야기도 전해지고 있어. 그러니 이 남한산성은 외적을 막는 역할만을 했던 것이 아니라 시간이 쌓이고 쌓인 곳이기도 하지. 이렇게 남한산성 성곽을 따라 걷다 보니까 엄마도 생각을 하게 되네, 산들아."

"무슨 생각?"

"엄마가 살아온 삶에 대해서. 지금 현재가 아니라 과거의 나에서 어떻게 지금의 나로 왔는지 그 생각. 그리고 과거의 내가 소중히 여겼던 것들에 대해 다시 생각해보게 돼."

나는 엄마와 달리 성곽을 따라 걸으며 별로 깊은 생각을 하지는 않았다. 그저 남한산성 성곽을 산책하는 일이 짐작했던 것보다 기분이 좋을 따름이었다. 그러자 이미 망쳤다고 생각한 면접에 대해서도 어느 정도는 마음이 여유로워졌다. 어쩌면 그 면접관은 뻔하고 뻔한 지역 균형 면접이 지겨워져서 점수와 상관없이 그냥 나를 가지고 놀았는지도 모른다.

"잠깐만, 성곽길 아래로 내려가면 수어장대가 있을 거야."

"수어장대?"

"장군이 거기에 올라가 지휘도 하고 날씨도 예측하기 위해 만들어놓은 누각이야. 남한산성에는 원래 다섯 개의 장대가 있었는데 지금은 여기만 유일하게 남아 있어."

수어장대로 가는 길은 멀지 않았다. 성곽길 밑으로 내려가니 금방이었다. 하지만 수어장대 문 앞에서 엄마는 잠시 걸음을 멈추었다. 엄마는 스마트폰을 꺼내 전화를 받았다.

"아니에요, 아직 말은 안 했어요. 꼭 오늘 할 필요는 없잖아. 그래, 마음이 급한 건 알아……."

엄마는 스마트폰을 쥐지 않은 반대편 손으로 내게 먼저 들어가라고 손짓했다. 건물 안으로 들어가기 전에 고개를 돌려 보았다. 엄마는 몸을 돌린 채 자그마한 목소리로 속삭이듯 말했다. 나는 호주머니에 손을 넣고 어깨로 스윽 나무 문을 밀고 들어갔다.

이 층짜리 누각인 수어장대 앞에 서니 남한산성을 둘러싼 산자락이 훤히 보였다. 나는 고개를 들어 파랗게 맑은 하늘을 바라보았다. 그 하늘에 길고 뾰족하게 뻗은 구름이 보였다. 성남에 비행장이 있어서인지 비행기가 남겨놓은 긴 구름을 성남 하늘에선 종종 볼 수 있었다. 그런데 수어장대에서 보고 있자니 그 구름이 꼭 하늘로 날아가는 언덕용 같았다. 그 용은 멋있기보다 모든 구름이 그렇듯 금방 사라질 것만 같아 어딘가 쓸쓸하게 보였다.

나는 엄마가 남한산성에서 무슨 말을 하려 했는지 대략 짐작할 수 있었다. 이제 곧 고등학교를 졸업하니 나도 더 이상 어린아이가 아니었다. 엄마와 아빠는 어쩌면 내가 대학에 가면 가짜 이혼이 아니라 진짜 이혼을 하기로 마음먹었는지 모른다. 아니면 언젠가부터 엄마에게 아빠가 아닌 다른 사랑하는 사람이 있을 가능성도 충분했다. 학교 친구들의 말을 들어봐도 혼자 사는 엄마 아빠에게 애인이 있는 경우는 허다했으니까 말이다. 그러니 엄마에게 어떤 말을 듣든 나는 모두 준비가 되어 있었다.

"아들, 뭐 보고 있어?"

어느새 엄마가 내 옆으로 다가왔다.

"하늘에 있는 구름. 엄마, 저 구름이 용처럼 보이는 거 같아서. 언덕용, 아빠가 내가 성남에서 출세하면 언덕에서 용이 나는 거라고 언덕용이라고 그랬거든."

"그래, 누가 시인 아니랄까 봐 갖다 붙이는 건 아주 잘 붙이지."

엄마의 말투는 좀 희한했다. 사랑이 담겨 있는 것도 같고 비웃는 것 같기도 했다.

"그런데 산들아, 너는 왜 그때 아빠하고 산다고 했어? 엄마가 파주 쪽으로 옮긴다고 했을 때 너한테 따로 물어봤잖아. 누구하고 같이 살고 싶냐고."

"엄마는 요리 정말 못하잖아. 그래서 그랬는데."

"정말 그래서였어?"

"그랬다니까."

그때 겨우 초등학교 일 학년이었던 나는 사실 엄마의 질문이 기억나지 않았다. 하지만 지금 생각해도 희한하기는 했다. 보통의 꼬마들이라면 다들 엄마를 따라간다고 나섰을 텐데 말이다. 아마 그때도 나는 똑똑한 녀석이었을 테니까 혼자 살면 도저히 못 견딜 것 같은 어른 옆에 있으려고 했던 게 아니었을까?

"그런데 엄마 무슨 전화였어?"

"아니야, 일 때문에 온 전화야. 이제 그만 내려갈까, 산들아?"

"다시 성곽길로 올라가야 해?"

나는 엄마에게 물었다.

"아니야, 좁은 길 말고 그냥 넓은 산책로로 해서 내려가자. 이제 내려가는 길이니까 아까 우리가 차 세운 주차장까지 힘 안 들이고 금방이야."

맞다. 남한산성은 안의 길을 따라 계속해서 걷다 보면 어느새 출발한 곳에 다시 도착했다. 하지만 내가 아무리 언덕용이 된다고 한들 엄마와 아빠가 처음 사랑했던 그 순간으로 똑같이 돌아갈 수는 없을 거란 걸 나도 알았다. 어쩌면 엄마가 내게 하려던 말이 그거였는지도 모르겠다. 내가 혹시 대학 정시에 원서를 내야 할지도 모르니 그 순간을 잠시 미뤄둔 게 틀림없었다. 할 말을 놓친 엄마는 골똘히 생각에 잠긴 채 몇 걸음 앞서 걸어가고 있었다. 나는 엄마에게 다가가려다 멈춰서 엄마의 뒷모습을 보았다. 발을 끌며 걷던 엄마도 걸음을 멈추었다. 넓은 남한산성 안에 작은 사람이 하나 서 있었다.

깨비의 열돌 잔치
푸른 용과 북소리

유다정

1964년 충청남도 예산에서 태어나 『한국아동문학연구』로 등단했다.
그림책 『발명, 신화를 만나다』, 『동에 번쩍』,
『투발루에게 수영을 가르칠걸 그랬어』, 『태양의 새 삼족오』,
『어른이 되는 날』, 『명품 가방 속으로 악어들이 사라졌어』,
『아빠한테 가고 싶어요』, 『여우 시집가고 호랑이 장가가고』,
『우리 마을이 사막으로 변해가요』 등이 있다.
창비 좋은어린이책 기획 부문 대상을 수상했다.

깨비의 열돌 잔치

굽이굽이 아홉 고개 넘어 뾰족뾰족 아홉 산 가운데 야트막한 고랑에 도깨비 부부가 살았어. 도깨비 부부는 금실이 어찌나 좋은지 날마다 손을 꼭 잡고 도란도란 이야기하길 즐겼어. 하지만 혼인한 지 십 년이 넘도록 깨비가 생기지 않아 한걱정이었지.

"우리 걱정만 할 게 아니라 내일부터 큰 바위에 빌어봅시다!"

달이 휘영청 밝은 날 부인이 말했지.

다음 날부터 도깨비 부부는 하루도 거르지 않고 큰 바위에 올랐어.

"비나이다 비나이다 바위 신께 비나이다. 제발 깨비 하나만 점지해주세요!"

부부는 석 달 열흘 동안 온 마음을 다해 빌고 또 빌었지. 그랬더니 글쎄 정말로 깨비를 갖게 되었단다.

부인은 열 달을 품어 깨비를 낳았고, 이름을 도비라 지었어. 도깨비 부부는 도비를 세상에서 가장 소중하다 여기고 불면 날아갈세라, 만지면 터질세라 무한한 사랑으로 키웠지.

금이야 옥이야 키운 도비의 열 번째 생일이 다가오자 도깨비 부부는 생각에 잠기는 날이 많아졌어. 도깨비는 열 번째 생일을 귀하게 여기고 특별한 선물을 하거든.

"우리 도비 선물로 뭐가 좋을까요? 아주 특별해야 할 텐데……."

부인이 말하자 남편이 눈동자를 요리조리 굴리더니 이러지 뭐야.

"옳거니. 사람이 사는 마을에 가봅시다. 거기엔 필시 특별한 것이 있을 테니 우리 그것으로 합시다!"

도깨비 부부는 도비 생일 하루 전에 머리에 벙거지 하나씩 꾹 눌러쓰고 뾰족뾰족 산 넘고, 굽이굽이 고개 넘어 사람이 사는 마을에 다다랐어.

그런데 그때 마을 잔치가 막 시작되고 있는 거야.

"악기 연주를 시작해볼까? 북을 치고, 꽹과리도 쳐야지! 나팔도 불고, 장구와 징도 빠질 수 없지."

한 어른의 말이 끝나자 악기 소리가 흥겹게 울렸지. 도깨비 부부는 눈이 휘둥그레져서 요리조리 살피기 바빴단다.

"에그에그. 이게 뭔 난리래?"

이러면서 말이야.

깽깨갱 갱갱 꽹꽤괭 깽깽…… 쿵따다 쿵따…… 덩덩덩 덩덩…… 징~ 징~…… 뿌아앙 뿌앙…….

악기 소리가 온 마을을 감싸자 사람들이 하나둘 어깨를 들썩거리더니 덩실덩실 춤을 추는 거야. 세상에서 가장 행복한 얼굴을 하고 말이야.

"얼씨구나 좋다! 지화자 좋아!"

그 속에 있으려니 도깨비 부부도 저절로 흥이 나는 거야. 그러니 팔을 올렸다 내렸다, 다리를 들었다 놨다 했지. 한참을 그렇게 어울리다 보니 악기가 무척 마음에 드는 거야.

'저 악기 소리가 모두를 흥겹게 하는구나. 우리 도비한테 갖다주면 도비도 흥겨울 테지.'

부인이 이런 생각을 하고 있는데 남편이 말했지.

"우리 저 악기들을 도비한테 줍시다! 그럼 도비가 늘 행복할 것 같소!"

부부의 마음이 딱딱 맞았지.

마을 잔치는 해가 뉘엿뉘엿 질 때서야 끝이 났어.

"그런데 못 보던 양반들이 있네. 어느 마을에서 오셨소?"

잔치가 끝나 웅성웅성할 때 마을 어르신이 도깨비 남편을 보고 묻는 거야.

"저 고개 너머, 산 너머 마을에서 왔소. 이 악기들을 나한테 주시오. 내가 가져가겠소!"

다짜고짜 이러니 마을 사람들이 깜짝 놀랐지.

"뭐라고요? 이게 얼마나 소중한 건데 달라는 거요? 나 원 참!"

"완전 도둑놈 심보네."

"저놈들을 당장 쫓아내자!"

마을 사람들은 몽둥이를 휘두르며 도깨비 부부를 동구 밖으로 내쫓았어.

말 한마디로 쫓겨난 도깨비 부부는 어찌할까 고민 했지.

"방망이로 확 훔쳐 올까?"

"그건 안 돼요! 우리 도비한테 훔친 물건을 줄 순 없어요."

"그럼 어찌하면 좋을까?"

도깨비 부부는 얼른 방법을 생각해내야만 했어. 사람들이 악기를 가지고 집으로 돌아가버리면 큰일이니까.

"혹시 돈을 주면 어떨까요? 사람들은 돈을 엄청 좋아한다던데."

"그래요. 나도 할아버지한테 들은 적이 있소. 우리 돈을 잔뜩 만들어 가지고 가봅시다!"

도깨비 부부는 방망이를 휘두르며 소리쳤어.

"돈 나와라와라 뚝딱! 돈 나와라와라 뚝딱!"

그러자 쨍그랑 쨍쨍쨍, 쨍그랑 쨍쨍 쨍그랑…… 돈다발이 우수수 쏟아져 내렸지.

도깨비 부부는 돈다발을 들고 부리나케 달려갔어.

"잠깐만요!"

그 소리에 막 집으로 돌아가려던 사람들이 제자리에 딱 멈춰 섰지.

"악기를 나한테 주면 이 돈을 주겠소!"

남편이 방망이로 만든 돈을 몇 꾸러미나 내밀었어. 사람들 눈이 휘둥그레졌지.

"이 이렇게 많은 돈을 준단 말이오?"

"그렇소! 다 주겠소!"

그러자 마을 사람들이 한데 모여 속닥거리더니 이러지 뭐야.

"악기를 다 주면 마을 잔치를 할 수 없으니 세 개만 가져가시오."

도깨비 부부는 나팔, 장구, 꽹과리를 골랐지.

"이 악기만 있으면 우리 도비가 늘 행복할 거야! 우리한테 이걸 가르쳐주면 더 많은 돈을 드리지요."

동네 사람들은 얼씨구나 했지.

"당연히 가르쳐드려야지요."

도깨비 부부는 밤새도록 나팔 부는 법을 배우고, 장구와 꽹과리 치는 법을 배웠지. 양볼이 얼얼하고, 양팔이 절절절 아플 때까지 배운 거야.

그러고 나서 돈을 몇 다발이나 더 만들어주고는 굽이굽이 고개 넘어 뾰족뾰족 산 넘어 야트막한 고랑의 오두막으로 돌아왔단다.

마을 사람들은 그때까지 잠 한숨 안 자고 아니 못 자고 돈을 세고 또 세며 날을 새웠지.

집에 돌아온 도깨비 부부는 너무 피곤해서 콜콜 자고 싶었지만 잘 수 없었어. 메밀묵이랑 호박범벅을 만들어놓아야 했거든. 도깨비는 생일날 꼭 메밀묵이랑 호박범벅을 푸짐하게 만들어 나눠 먹거든.

도깨비 부부는 얼른얼른 음식을 만들어놓고 곯아떨어졌어. 도비한테 줄 선물을 윗목에다 가지런히 놓고 말이야.

드디어 도비의 생일날이야. 도비는 아침 일찍 일어났어. 사람이나 도깨비나 생일날 아침은 눈이 일찍 떠지는 법이거든.

"어? 이게 뭐지?"

도비가 쬐그만 눈을 비비작대다가 윗목에 놓인 악기를 본 거야.

장구를 요리조리 살피고는

"이거 밥상인가? 밥상이라기엔 너무 작아. 메밀묵 세 그릇밖에 못 놓겠는걸. 의자인가? 의자라기엔 너무 때똑해!"

꽹과리를 요리조리 살피고는

"이거 밥그릇인가? 밥을 담기엔 좀 크군. 요강인가? 오줌 누면 쪼르르 소리가 나겠어."

나팔을 요리조리 살피고는

"이건 또 뭐야? 촛대인가? 초를 꽂기엔 구멍이 좀 작은데. 뭐지?"

도비는 엄마 아빠가 가져온 악기를 살피다가 채를 집어 들더니 장구를 콩닥 콩콩 딱 탁탁 탱탱 쳐보는 거야.

"어라? 이런 소리가 나네. 듣기 좋은걸. 이것도 쳐볼까?"

꽹과리도 쳐보았어. 깽깽깽깽깽.

"어라? 이 소리도 좋네."

도비는 채 하나로 장구도 쳐보고, 꽹과리도 쳐보고, 나팔도 쳐봤어. 콩닥 콩 콩 딱 탁 탁 천천히 치다가 탱탱콩닥콩콩 딱 탁탁 탱탱 탱탱 깽깽깽 탱탱콩닥콩콩 딱 탁탁 탱탱 탱탱 깽깽깽……. 정신없이 마구 두들겨댔지. 그 소리에 도깨비 부부가 깜짝 놀라 일어났지.

"우리 도비 생일 축하한다. 이건 너의 열 번째 생일 선물이야."

아빠가 말했지.

"엄마 아빠 고맙습니다. 저 잘 치죠?"

그러자 엄마가 히히히 웃더니 나팔을 집어 들었어.

"엄마가 가르쳐줄게. 그럼 더 멋지게 연주할 수 있을 거야."

엄마는 도비에게 나팔 부는 법과 장구와 꽹과리 치는 법을 가르쳐주었어.

도비는 북을 가지고 덩덩덕 쿵덕 덩덩덩 덩덩, 꽹과리를 가지고 겡겡겡

겐갱, 나팔을 가지고 뿌뿌 뿌앙 뿌뿌 뿌앙 신나게 두들기고 신나게 불어 댔지.

도비가 한참을 신나게 연주하자 숲 속 동물들이 하나둘 도비네 마당으로 모여들더니 덩실덩실 춤을 추지 뭐야.

커다란 호랑이는 누렁니를 드러내고 히죽히죽 웃으면서 덩실덩실, 약삭빠른 여우도 꼬랑지를 치켜들고 덩실덩실, 까치는 날개를 펄럭이며 덩실덩실, 토끼는 깡충깡충 뛰며 엉덩이를 씰룩쌜룩…….

도깨비 부부는 흥겹게 춤추는 동물들을 보고 메밀묵과 호박범벅을 푸짐하게 내놓으며 맘껏 먹으라 했어.

"잔치 잔치 열렸네. 사랑하는 도비의 생일잔치 열렸네! 잔치 잔치 열렸네. 생일잔치 열렸네!"

동물들은 도비를 위해 생일 노래를 불러주었어.

사람에게서 얻은 특별한 선물 덕분에 도비의 열돌 잔치는 아주 흥겨웠단다.

"우리 도비, 무럭무럭 자라서 바른 도깨비 되어라!"

도깨비 부부는 도비의 열돌 잔치를 치르며 마음속으로 빌고 또 빌었단다.

푸른 용과 북소리

옛날, 아주 옛날 하늘 한가운데 작은 구멍이 하나 있었어. 용들이 세상을 살피는 구멍이었지.

"모내기 철이니 비를 내려야겠어!"

용들은 사흘에 한 번씩 세상을 살피며 적당한 때에 비를 내리고, 천둥과 번개를 내려보내기도 했어. 하지만 어린 용들은 하늘의 법 때문에 구멍을 들여다볼 수 없었단다.

'천년을 살아 지혜가 쌓여야 세상을 다스릴 능력이 생기니 천 살이 될 때까지 땅을 내려다보면 안 된다!'

어린 용 중에 호기심 많은 꼬르는 세상을 살피는 구멍이 너무나 궁금한 거야. 그래도 꼬르는 잘 참았어. 바로 어제까지는. 하지만 오늘은 참을성이 동났는지 구멍을 들여다보고 말았어.

"우와, 사람들 세상이야."

꼬르가 한참 동안 구경을 하는데 처음 들어보는 소리가 들리지 뭐야.

둥 둥 둥 둥……. 그 소리는 가슴으로 들어와 온몸으로 퍼져 나가는 것 같았지.

"이 소리를 들으니 마음이 평온해지잖아. 무슨 소리지? 악기 소리 같은데……."

하지만 꼬르는 그 소리를 오래 들을 수 없었어. 어린 용들이 공부할 시간이 다가오고 있었거든.

"어서들 모여라!"

꼬르는 공부가 얼른 끝나길 기다렸지. 다시 가서 들어보고 싶었으니까. 하지만 이를 어째, 공부가 끝났을 땐 아무 소리도 나지 않았단다.

그날부터 꼬르는 틈날 때마다 구멍을 몰래 들여다보며 땅에서 나는 소리에 귀를 기울였어.

"아, 지난번에 들었던 소리를 다시 듣고 싶어!"

꼬르의 마음과 상관없이 열흘이 지나도 소리는 나지 않고, 한 달이 지나도 그 소리는 나지 않고, 두 달이 지나도 그 소리를 들을 수 없었지. 꼬르는 그 소리가 너무 듣고 싶어 병이 날 지경이었어. 그런데 석 달이 지난 어느 날 그 소리가 들리는 거야.

둥 둥 둥 둥 퉁퉁 투두둥…….

동이가 치는 북소리였지. 동이는 북장이와 함께 살며 북 메우는 일을 배우고 있었거든. 그러니까 북장이와 동이는 석 달 동안 북을 만들었던 거야. 황소 가죽을 사다 털을 깎고, 오줌물에 담갔다가 무두질로 두께를 조절하고, 잘 마른 나무로 북통을 만들었지. 그러고 나서 맑은 날을 골라 북통에 가죽을 씌워 평평하고 탱탱하게 당겨주고, 둥둥둥 북을 두드리며 좋은 소리가 나도록 했단다.

꼬르는 북소리를 들으며 마음이 평온해져 이제 막 나기 시작한 수염을 만지작거리며 흥얼거렸어. 기분이 아주 좋았거든.

"저 북소리를 날마다 들으면 좋겠다!"

꼬르는 다음 날도 세상을 내려다보았어. 그런데 동이가 북을 잘 치다가 사정없이 마구 때리며 울부짖는 거야.

둥 둥 둥 둥 퉁퉁 투두둥…… 타당 탕 탕 탕 탕탕탕탕…….

"소리가 안 들려! 아저씨, 북소리가 안 들려요. 큰 소리를 너무 많이 들으면 귀가 먼다더니. 내 귀가…… 안 돼! 안 돼!"

동이가 북장이를 보고 울고불고 했어.

그날 이후 동이는 북을 치지 않았어.

'나 때문에 동이가 저렇게 된 거야. 어떡해야 동이 귀가 나을까? 어떡하지…….'

북장이도 마음이 너무 아파 북을 칠 수 없었단다.

하루, 이틀, 사흘…… 그렇게 며칠이 지나 보름이 되자 북장이는 동이 손을 잡고 서낭당에 올랐어.

"비나이다 비나이다. 신령님께 비나이다. 우리 동이, 소리를 듣게 해주세요. 제발……."

"신령님, 제 귀를 고쳐주세요. 저도 아저씨처럼 북을 메우며 살고 싶어요. 제발 제 귀를 고쳐주세요."

꼬르는 밤새도록 빌고 또 비는 북장이와 동이가 너무나 안타까웠어.

"내가 동이 귀에 후~ 하고 입김을 불어 넣어주면 될 텐데……."

꼬르는 당장 땅으로 내려가 동이 귀에 입김을 불어 넣어주고 북을 치게 하고 싶었어. 하지만 하늘의 법 때문에 그럴 수 없었단다.

"마음이 온통 뒤죽박죽이야. 아무것도 할 수가 없어!"

결국 꼬르는 병이 나고 말았어. 반지르르 빛나던 비늘은 검게 변하고, 눈은 흐리멍덩해졌지.

"꼬르야, 무슨 걱정거리가 있느냐? 얼굴빛이 안 좋구나."

어느 날 하늘님이 그런 꼬르를 본 거야.

"하늘님, 땅으로 내려갔다 오게 해주세요!"

"뭐라고? 땅으로 내려간다고? 하늘 동물은 하늘에 있어야 한다. 안 된다. 절대로 안 돼!"

그런데 이를 어째. 그날 밤 꼬르가 하늘님 몰래 땅으로 내려오고 말았어.

꼬르가 땅으로 내려오는 동안 천둥번개가 요란하게 치며 비가 쏟아지다가 꼬르의 발이 땅에 닫는 순간 모든 게 멈췄어. 구름만이 뭉게뭉게 피어올랐지.

"후우우우~."

꼬르는 동이 귀에 뜨거운 입김을 불어 넣고 속삭였어.

"동이야, 네가 치는 북소리가 참 좋아. 그 소리를 날마다 듣고 싶어! 얼른 일어나서 북을 쳐줄래?"

동이는 꿈인 듯 부스스 일어나 북 앞으로 총총 걸어갔어.

꼬르는 북통을 감싸 안고 동이가 치기를 기다렸지. 얼굴엔 웃음이 가득했어.

"용, 용이다!"

동이는 깜짝 놀랐어.

"그래, 난 하늘에 사는 용 꼬르야. 동이야, 북소리가 듣고 싶어! 얼른 북을 쳐줘. 얼른!"

그때 하늘님이 꼬르를 보고 말았단다.

"이런 괘씸한 것을 봤나! 하늘의 법을 어기고 기어이 땅으로 내려갔구나. 벌을 받아야겠다!"

동이는 하늘님의 천둥 같은 꾸지람에 놀라 정신이 번쩍 들었어.

"소 소 소 소리가 들려! 아저씨, 아저씨, 소리가 들려요!"

동이가 기뻐서 크게 소리쳤지. 하지만 하늘님이 내려보낸 빛이 꼬르의 몸에 닿자 꼬르의 몸이 쭉 가라앉더니 연기처럼 사라져버렸어.

"안 돼요. 꼬르를 살려주세요."

동이가 소리쳤어.

"동이야, 북소리가 듣고 싶어! 얼른 북을 쳐줘. 얼른!"

꼬르의 소리가 들리는 듯했어.

동이는 꼬르를 위해 북채를 집어 들고 북을 치기 시작했어.

둥 둥 둥 둥둥 둥 둥 둥 퉁퉁 투두둥…….

북소리가 울리자 하늘에서 물 한 방울이 동이 신발코로 똑 떨어졌어.

'꼬르가 흘리는 마지막 눈물인가 봐.'

동이는 연기가 되어 사라진 꼬르가 너무 가여웠어.

"꼬르야, 내가 북에 너를 그려줄게. 그리고 북소리를 날마다 들을 수 있게 해줄게. 약속해!"

날이 밝자 동이는 북통에 몸을 둥그렇게 말고 있는 꼬르를 그리기 시작했어. 하루 온종일 정성들여 그렸어. 어둑한 저녁이 되어서야 색칠까지 마칠 수 있었지.

"이제 다 됐다!"

동이 덕분에 꼬르는 하얀 수염에 붉은 눈, 푸른빛 비늘을 가지게 되었어. 푸른빛의 꼬르는 금방이라도 살아나 하늘로 날아오를 것 같았단다.

색칠을 마친 동이가 마루에 앉아 북장이와 이야기를 나누는데 큰스님이 지나다가 큰북을 보며 말했어.

"큰북에 용을 그리다니! 놀랍습니다."

스님의 말을 듣고 북장이가 벌떡 일어났지.

"동이가 그렸는데, 소리의 울림도 아주 좋습니다."

"아주 귀한 북이군요! 이 북을 절에 가져다 놓고 아침저녁으로 쳐도 되겠습니까?"

그러자 북장이가 동이한테 물었지.

"동이야, 그래도 되겠느냐?"

"그럼 더 많은 사람들이 꼬르를 볼 수 있겠네요. 스님, 그렇게 해주세요."

북장이와 동이는 수레에 큰북을 싣고 조심조심 옮겼단다.

탁 타닥 탁 투다락 둥 둥 둥 퉁퉁 투두둥 퉁둥…….

스님이 치는 북소리는 잔잔하다가 힘차게 사방으로 울려 퍼졌어. 아주 멀리멀리 퍼져나갔지.

동이는 북소리가 들릴 때마다 꼬르를 생각했단다.

'꼬르는 다시 하늘로 올라갔을까?'

여자들이 좋아했던 싱앗국
시낭송 뒤에 먹는 홑잎나물밥

이상권

1964년 전라남도 함평에서 태어나 1994년 『창작과비평』으로 등단했다. 소설 『하늘로 날아간 집오리』, 『애벌레를 위하여』, 『하늘을 달린다』, 『마녀를 꿈꾸다』, 『고양이가 기른 다람쥐』, 에세이 『야생초 밥상』, 동화 『똥이 어디로 갔을까』, 『애벌레가 애벌레를 먹어요』, 『싸움소』, 『똥개의 복수』, 『왕방귀 아저씨네 동물들』 등이 있다.

여자들이 좋아했던 싱앗국

어머니가 서울 예식장에 왔다가 용인에 있는 우리 집에 들렀다. 곧장 시골로 내려가겠다고 하는 걸 아내가 잡았다. 마침 시절이 농촌에서도 한가한 봄날이다 보니 어머니도 며칠만 놀다 가겠다고 하였다. 우리는 멀리 나갈 필요도 없이 마당에서 움트는 쑥을 뜯어다가 부침개랑 쑥버무리를 해 먹으면서 봄날을 편안하게 즐기고 있었다. 그때 아내가 누군가로부터 전화를 받았다.

"아, 아주머니 이 근처에 오셨다 이 말이죠? 하필이면 이런 때에…… 실은 집에 어머님이 와 계시거든요. 그래서 아주머니네 가족만 괜찮다면야 오셔도 상관없는데요. 마침 우리도 쑥부침개랑 쑥버무리 해 먹으면서 놀고 있었거든요. 저희 어머님도 사람 좋아하세요. 그렇게 까탈스러운 분 아니세요. 아, 친정어머니도 같이 오신다고요? 그럼 더 잘됐네요. 오셔서 우리 어머니랑 하루 재밌게 놀다 가시면 되지요. 꼭 오세요."

아내는 전화를 끊자마자 황씨 아주머니라고 하였다. 서울에 살 때 우리 이웃이었다. 아내는 황씨 아주머니를 친언니처럼 따랐으며, 나 역시 그녀의 남편이랑 마음이 잘 맞았다. 그녀의 남편은 집 안에서 물고기나 식물들 키우는 것을 좋아했다. 아내는 그 집에 인사차 들르자마자 당신이랑 비슷한 사람이 여기에 살고 있다고 했을 정도였다. 그만큼 내가 좋아하는 사람들이었다. 하지만 서울을 떠나온 뒤로 지난 이 년간 보지 못했다. 아내는 그분들이 멀리서 작정을 하고 왔기 때문에 어쩔 수 없다고 말했다. 나도 고개를 끄덕였다. 그리고 어머니한테 그분들에 대한 이야기를 하였다. 어머니도 잘됐다고 했다. "내가 무슨 손님이냐? 난 괜찮으니까, 어서 오시라고 해라." 그렇게 해서 갑자기 집 안이 바글바글해졌다. 황씨 아주머니네 두 아이들까지 왔기 때문이다. 황씨 아주머니의 친정어머니는 우리 어머니보다 여덟 살이나 많았지만 허리도 더 꼿꼿했으며 피부도 훨씬 더 고왔다. 한 사람은 평생을 농촌에서 살아왔고, 한 사람은 평생을 서울에서 살아왔다. 하지만 황씨 아주머니의 친정어머니는 걸음걸이가 자유롭지 못했다. 지팡이에 의지하고서야 간신히 한 걸음씩 옮겨 갈 수가 있었다.

마당에 있는 야외 식탁에서 밥이랑 냉잇국을 먹었다. 쑥부침개랑 쑥버무리도 나왔다. 우리 어머니와 황씨의 친정어머니는 젓가락으로 냉이랑 쑥을 집어내서 아이들이 처음으로 곤충을 잡았을 때처럼 이리저리 돌려가면서 쳐다보고는 지나간 기억들을 끄집어내고 있었다. "우리 전라도에서는 봄날 내내 쑥을 항아리 가득 캤어요. 그것으로 설날이면 쑥떡을 해서 봄날 내내 밥 대신 먹었지요." 그렇게 어머니가 한마디 하면 황씨 아주머니의 친정어머니도 옛날 묵은 기억을 끄집어냈다. "서울도 옛날에는 촌이었어요. 우리도 봄만 되면 나가서 쑥을 캐다가 쑥밥도 해 먹고, 쑥떡도 해 먹고 그랬지요." 그렇게 주거니 받거니 하시더니 갑자기 황씨 아주머니의 친정어머니가 "혹시 이런 데 싱아 없을까요? 서울에서는 싱아라고 불렀는데, 혹시 아세요? 먹으면 신 풀요" 하고 말하자, 어머니가 당연히 안다고 대꾸했다. 그러고는 나한테 근처에 싱아가 있느냐고 물었다. 나는 바로 집 뒤쪽 산비탈에 있는 무덤가에 가면 많이 있다고 하였다. 그러자 두 분이 거의 동시에 "허허, 세상에나!" 하고 소리치면서 일어났다. 더 이상 말하지는 않았지만 당장 가보자고 보채는 것이나 다름없었다. 황씨 아주머니랑 그의 남편이 친정어머니를 부축하였다. 무덤가에는 싱아가 한 뼘 정도 돋아나 있었다. 그분들은 싱아를 보자마자 그리운 동무라도 만난 것처럼 다가가서 주저앉더니 손으로 예쁘게 어루만졌다.

"세상에 이런 데서 싱아를 만나다니! 여기가 깊은 산골도 아닌데……."

"이것이 얼마 만인지 모르겠네요."

"글쎄요, 저도 한 삼사십 년 만에 보는 것 같네요……."

두 분은 나란히 앉아서 싱아 이파리를 따서 입에 넣고 우물거렸다.

"참말로 오랜만에 먹어보네요. 우리 시골에서는 볼 수도 없는데, 오히려 도시 근처에 있네요. 안 그래도 작년엔가 한동네 사람이 시엉국 한번 먹어보고 싶다고 할 때도 찾을 수가 없었는데……."

어머니는 싱아를 '시엉'이라고 하였다. 황씨 아주머니의 친정어머니가 환하게 웃었다.

"허허, 그쪽 지방에서도 싱아로 국을 해 먹었군요. 저도 싱앗국을 참 좋아했답니다. 죽기 전에 꼭 한번 먹어보고 싶은 음식이랄까요. 오늘 여기 오기를 잘했네요. 우리 사위가 바람 쐬러 나가자고 해서 나왔는데……."

"아이고 잘됐네요. 저도 시엉국을 좋아한답니다. 저는 우리 막내 낳고 그 뒤로는 못 먹어봤네요. 제가 시집올 적만 해도 참말로 먹을 게 없었지요. 그래서 봄이면 동네 여자들이 우르르 산으로 가서 시엉을 한 보따리 뜯어서 머리에다 이고 왔어요. 그때는 산에 가면 시엉이 천지였어요. 산밭 귀퉁이는 물론 무덤가, 산비탈에 널려 있었지요. 우리는 연한 줄기랑 이파리를 뜯었지요. 집에 오면 시어머니가 기다렸다가 그걸 씻어서 국을 끓였어요……."

싱앗국을 끓일 때는 반드시 쌀뜨물을 받아다가 같이 넣어야 한다고 했다. "그래야만 시엉 이파리가 뽀땍하게 끓여져서 맛이 베지요." 쌀뜨물은 국물 맛을 칼칼하면서도 담백하게 해주고, 국거리로 들어가는 것들의 성질을 죽이지 않는다고 했다. 황씨 아주머니의 친정어머니도 그렇다고 맞장구쳤다.

주위에 있던 다른 사람들이 싱앗국을 당장 먹어보고 싶다고 하였다. 늙으신 두 분은 "옛날 맛이 날지 모르겠다!" 하시면서도 노련하게 싱아를 뜯었다. 우리는 두 분을 모시고 내려가서 더 이상 개입하지 않았다. 두 분이 부엌에서 뚝딱뚝딱하면서 음식을 만들었다. 한평생 부엌에서 살아온 두 분의 손놀림은 여전했다. 쌀뜨물을 받아내고 싱아를 씻어내고 국을 끓였다.

"생으로 한 것이라 약간 시겠지요? 한번 삶았다가 끓여 먹으면 더 맛있지요."

"저는 임신해서 입덧할 때마다 시엉국을 먹었어요. 그때는 요즘처럼 입덧한다고 누구한테 말할 사람이나 있나요? 그냥 혼자서 끙끙거리면서 참아내는 수밖에 없지요."

"맞아요, 저도 입덧할 때 싱앗국을 찾았지요. 그 시큼한 국을 먹으면 울렁거리던 속이 편안해졌어요……."

산에서는 온갖 새들이 요란하게 짝짓기를 하고, 땅에서는 온갖 풀들이 풀꽃들을 밀어 올리던 날, 두 집 식구들은 오래된 음식 하나를 밥상에 두고 앉았다. 두 어른은 싱앗국을 퍼 주면서 우리의 반응을 살폈다. 국물부터 맛을 봤다. 셨다. 시면서도 된장 맛이랑 어우러져서 구수하고 시원한 맛이 났다.

"이건 남자들보다는 여자들이 좋아하는 음식이에요. 옛날에도 남자들은 별로 좋아하지 않았어요."

황씨 아주머니 친정어머니의 말에 여자들이 맞는 말이라고 재빠르게 응답했다. 아내랑 황씨 아주머니는 아주 특별하고 맛있다고 하였다.

싱아라는 말은 줄기가 시다고 하여 붙은 이름으로, 지역에 따라서 부르는 이름이 다 다르다. 싱아, 시엉, 수영이라는 말은 다 같은 뜻이다. 물론 수영이라는 풀이 따로 있기는 하지만, 그 풀 역시 시다는 뜻으로 붙여졌다.

"두 어르신 덕분에 귀한 음식 잘 먹었습니다."

황씨 아주머니의 남편이 밥그릇을 비우고 물러나자 두 어른이 잘 먹어줘서 고맙다고 하였다. 두 분은 오래된 동무들 같았다. 그만큼 편안해 보였다.

"오랜만에 했어도 옛날 맛이 나는군요."

"정말 고마워요. 제가 죽기 전에 이런 맛을 다시 볼 줄은 몰랐어요. 요즘 아무리 비싸고 좋다는 음식을 먹어봐도 힘들었던 시절에 먹었던 이 구수한 신맛을 잊을 수가 없었어요."

황씨 아주머니의 친정어머니는 우리 어머니의 손을 꼭 잡고 있었다.

손님들이 돌아가자 아내가 나를 슬쩍 불러서 귀엣말에 가깝게 속삭였다.

"아까 아주머니한테 전화 왔어요. 잘 도착했다고요. 그리고 너무 감사하다고요. 사실은 친정어머니가 말기 암으로 얼마 못 사신대요. 그래서인지 친정어머니가 너무너무 감사드린다는 말을 꼭 전해달라고 하셨대요."

그 말을 듣자 갑자기 입안에서 신맛이 고이는 것 같았다.

시낭송 뒤에 먹는 홑잎나물밥

산수유나무가 노란 별을 매달기 시작하는 봄날 마을에 있는 작은 교회에서 시낭송회가 열렸다. 교회에서 책읽기 모임을 하는 마을 사람들이 마련한 조촐한 잔치 마당이었다. 그곳에 앉아 있으니 시간이 정지해 있는 것 같았다. 곧 환갑을 맞이하는 교회는 옛날 예배당 그 느낌을 그대로 간직하고 있었으며 때를 맞춰 울려 퍼지는 종소리는 더욱 마음을 편하게 해주었다. 이제는 종교 시설도 작고 소박함을 미덕으로 생각하는 가치관을 버린 지 오래되었고, 좀 더 크고 화려함을 당당하게 드러내는 것을 미덕으로 받아들이는 세상이다. 그래서 그런지 그 교회에는 다양한 사람들이 종교의 경계를 넘나들면서 찾아들었다. 때로는 신성해 보였고, 때로는 시골 장터처럼 편안해 보였다. 그래선지 시낭송회는 분위기가 좋았다. 시를 쓰는 사람들은 자작 시를 선보였고, 그렇지 않은 사람들은 주위에서 시를 쓰는 친구의 시를 읽기도 했고, 평소 자신들이 가장 좋아하는 시를 낭송하기도 했다.

1부 시낭송회가 끝나고 2부 뒤풀이가 이어졌다. 야외 식탁을 이어놓고 각자 준비해 온 음식을 뷔페처럼 올려놓았다. 십여 명의 책읽기 모임 회원들은 모두 음식을 한두 가지씩 해 오기로 하였다. 이곳으로 이사 와서 처음으로 참여하는 나는 무슨 음식을 할까 고민하였다. 그러다가 모임 회장님에게 자문을 구했더니 밥을 해 오라고 하였다.

“그냥 편안하게 한 십 인분 정도의 밥을 해 오십시오. 지금 제가 파악해 보니까 다른 반찬들은 충분합니다. 근데 밥이 부족할 수가 있더라고요. 참여 인원을 약 마흔 명 정도 잡고 있거든요. 물론 떡도 있고, 빵도 나오지만 그래도 밥이 있어야 하잖아요? 저희가 한 이십 인분 준비했으니까, 나머지만 준비해주십시오.”

그 말을 들은 아내는 좋은 생각이 떠올랐다고 하면서 뒷산에 홑잎나물이 많이 있느냐고 물었다. 나는 홑잎나물밥을 생각하느냐고 물었고, 아내가 고개를 끄덕였다. 그렇지 않아도 그냥 맨밥을 해 가는 것이 내키지 않았는데 잘됐다고 하였다. 우리는 며칠 전에 아랫집으로 초대받아 황홀한 홑잎나물밥을 먹은 적이 있었다. 아랫집에 사는 할머니가 저녁이나 같이 하자고 우리를 불렀다. 칠십 대 초반의 노부부가 사는 그 집은 마치 신혼집처럼 정갈하게 정돈이 되어 있었다. 밥상을 차릴 때에도 두 부부가 같이 움직였다. 아내가 도우려고 하자 극구 만류하면서 꼼짝도 하지 못하게 하였다. 그들 부부는 이런 전원에서 살기 위해 이십 년 전부터 치밀하게 준비를 하였다고 했다. 전직이 공무원이었던 할아버지는 좀 더 일찍 이런 곳으로 나오지 못한 것이 후회스럽다고 하면서, 우리한테 잘 이사왔다고 축하해주었다. 할머니는 별로 차린 게 없다는 말을 몇 번이나 강조했지만 이미 밥상에는 밥그릇이 비집고 들어올 틈이 없을 정도로 반찬들이 빽빽했다. 불고기와 황태찜이 보였고, 봄동을 비롯하여 냉이무침, 갓김치도 있었다. 배 속에서 급하게 식욕이 일었다. 노부부는 밥상에 앉자마자 서로의 두 손을 꼭 잡고는 잠깐 기도를 하였다. 우리도 감사하게 잘 먹겠다는 말을 하면서 밥을 먹기 시작했다. 아내는 뭔가 파릇파릇한 풀잎들이 섞여 있는 밥을 퍼서 코로 냄새를 맡아보더니 “으흠, 구수하다! 이게 대체 무슨 밥이에요?” 하고 물었다. 나도 그 나물밥을 입에 넣고 천천히 씹었다. 처음에는 약간 풋내가 나더니 이내 단맛이 느껴졌다.

“아, 이 맛? 이걸 뭐라 표현하지요? 풀 맛이 강하지 않으면서도, 약간 쓴

맛도 있는 것 같고, 구수한 맛도 있는 것 같고……. 이게 무슨 나물이에요?"

아내가 다시 물었다. 나는 밥에서 그 나물을 집어다 젓가락으로 이파리를 펼쳐보았다. 그 상태로는 도무지 무슨 풀인지 가늠하기가 어려웠다. 할머니가 입안에서 우물거리던 밥을 삼킨 다음 대답했다.

"그거 홑잎나물이라고 해요. 여기 골짜기에 아주 천지로 깔렸어요. 옛날 우리 시대 사람들은 동치미나 깍두기만큼이나 많이 먹던 나물이지요. 특히 이렇게 이른 봄날 뜯어서 먹을 수 있는 맛있는 나물. 가장 먼저 봄을 알리는 나물이고말고요. 이걸 나물로도 해 먹지만 우리는 밥으로 해 먹는 게 가장 맛있어요."

특히 할아버지가 홑잎나물을 가장 좋아하신다고 덧붙였다. 할아버지는 이 홑잎나물밥을 알게 되면서 진정으로 전원에서 사는 맛을 알게 되었다고 하였다. 전원생활이란 이런 먹을거리를 찾아내는 것이라고 자신 있게 말했다. 만약 생활을 전원에서 하면서 먹을거리를 마트에서 충당한다면 그건 의미가 없다고 잘라 말했다. 그래서 두 부부는 사계절 내내 모든 먹을거리를 이곳에서 자급자족하는 것이 목표라고 하였다.

"그렇군요. 저희도 그 생각은 하지 못했어요. 진지하게 고민해볼게요. 근데 이 홑잎나물이라는 풀이 참 특별하네요. 이렇게 부드러우면서도 쉽게 물러지지 않네요. 그냥 밥만 먹어도 맛있어요. 여보, 당신 홑잎나물 알아?"

아내가 나를 보고는 '당신은 모르는 풀이 없잖아?' 하는 식으로 웃었다. 나는 고개를 흔들면서 할아버지한테 대체 홑잎나물이라는 풀이 어떻게 생겼느냐고 물었다. 나는 처음 듣는 이름이었다. 더구나 이런 봄에 먹을 수 있는 풀이라면 뭘까? 아무리 궁리해도 떠오르지 않았다.

"맛있지요? 아마 푹 빠지게 될 겁니다. 우리 집에 와서 이걸 먹어본 손님들 중에서 감동하지 않고 돌아간 사람은 아무도 없어요. 아마 이런 밥을 음식점에서 팔면 요샛말로 대박이 날 겁니다. 곤드레밥하고는 비교가 안 되지요. 이곳 사람들은 홑잎나물이라고 하고, 서울 사는 내 친구들이 와서 먹어보고는 회잎나물이라고 하더라고요. 또 저 아래 노인정 가서 물어보니 참빗나물이라고 하는 사람도 있더라고요."

"그럼, 풀입니까, 나무입니까?"

"나무요, 키가 크지는 않아요. 내 목 정도 클까? 줄기가 가늘고 가지가 많아요. 이 뒤쪽 산에 가면 땅바닥에도 깔려 있어요. 그렇게 땅바닥에 깔려 있는 것들은 이상하게도 키가 크지 않아요. 땅에서 딱 한 뼘 정도. 그 정도만 크더라고요."

참으로 오랜만에 맛있게 한 끼 밥을 먹었다. 아내도 똑같은 말을 하였다. 요즘 어딜 가서 밥을 먹고 와도 참 맛있게 먹었다는 말이 잘 나오지 않았다. 모든 음식이 풍요롭고 화려해지기는 했어도, 그래서 먹을 만하다는 생각이 들기는 하지만 막상 밥을 먹고 나오면 포만감 외에는 특별한 느낌이 남지 않았다. 나는 친구들이랑 전화를 하면서 홑잎나물밥에 대한 이야기를 은연중에 늘어놓았다. 그만큼 홑잎나물밥의 여운은 오래 남았다.

그다음 날 아랫집 할머니가 홑잎나물을 알려주겠다면서 손짓했다. 우리 집 뒤쪽 산비탈 무덤가였다. 할머니는 "이거예요" 하고 손가락질했다. 잎이 순해서 벌레만 먹지 않으면 봄날 내내 먹을 수 있다고 하였다. 나는 이파리를 뜯어서 씹어보았다. 생으로 먹어도 전혀 쓴맛이 없었다. 나는 다시 그 나무를 자세히 살폈다. 쥐똥나무처럼 가느다란 줄기 끝에서 싸리 이파리처럼 새순이 터져 나오고 있었다. 줄기 밑에 코르크질 날개가 양쪽으로 붙어 있었다. 나는 그걸 보고 나서야 홑잎나물이 화살나무 새순이라는 것을 알았다. 홑잎나무는 그 골짜기에 지천으로 깔려 있었다. 우리는 그걸 뜯어서 이십인 분의 밥을 하였다. 홑잎나물밥은 늘어선 사람들 중간 정도에서 바닥이 나고야 말았다. 그러자 사람들이 조금씩 나눠 먹자고 하였다. 그만큼 반응이 뜨거웠다. 그날 나온 음식 중에서 가장 인기가 있었다.

"어머어머, 오늘 시낭송회도 좋았지만 음식도 환상적이었습니다. 특히 그 나물밥! 뭐라고 하셨죠? 홑잎나물밥이라고요? 와아, 뭐라고 표현해야 하나? 시 같았다고 해야 하나?"

"진짜 정확하게 표현하셨네요! 홑잎나물밥을 먹는데 꼭 시를 먹는 기분이었어요."

그날만큼은 술이 없어도 다들 적당히 달아오른 표정이었다. 그날만큼은 다들 집에 돌아가면 시 한 수를 꼭 쓸 것 같은 표정이었다. 그날만큼은 하늘에 떠오른 달도 시를 쓰고 있는 것 같은 표정이었다.

어머니와 옥수수 광주리
심학산 문학촌

이우중

1956년 경기도 파주에서 태어나
2010년 장편소설 『신은 한국을 선택했다』를 출간하며 데뷔,
2014년 『한국산문』으로 등단했다. 장편소설 『개미 선장』이 있다.

어머니와 옥수수 광주리

옥수수 가루에 대해 강렬한 인상을 받은 것은 1960년대 중반 산골 초등학생 때였다.

6·25전쟁 후 기아에 처한 우리나라에 미국 정부에서 무상 원조로 학생들에게 노랗고 하얀 옥수수 가루를 나누어 주었다.

그때 옥수수 가루는 수많은 별이 모인 은하수를 떠올리게 했다. 청색 바탕에 하얀 별(성조기)과 알지 못할 은하 세계의 언어(영어)로 적힌 두꺼운 종이 포대는 더욱 동화적인 상상력을 일으켰다. 처음 보는 신기한 문양의 포대에 담겨 있는 은하수를 한 양푼씩 나누어 받는다는 것은 신비스러운 일이 아닐 수 없었다.

학교에서 배급받은 은하에서 온 하얀 별들을 모아놓은 듯한 옥수수 가루로 저녁에는 옥수수 빵을 만들어 먹고 허기를 달랬다. 해가 지고 어두운 밤하늘에는 온통 옥수수 가루를 뿌려놓은 듯한 은하수가 가득했다. 가끔씩 별들이 아득한 땅으로 떨어졌다.

학교에서 옥수수 가루를 나누어 주기 시작한 몇 년 후 어머니가 가족들을 데리고 야산을 개간해서 옥수수를 대량으로 심었다.

아버지는 숙명과도 같은 가난에 지쳤는지 술과 노름으로 하루하루를 버티어나갔으나, 아버지가 농사일을 외면할수록 어머니는 오남매와 할머니를 앞장세우고 논과 밭을 뛰어다녔다.

그 시절 여름. 학교에서 돌아와 형과 누나, 동생과 같이 밭에 나가서 옥수수를 가꾸고 수확하여 오면 밤늦도록 옥수수 겉껍질을 벗겨 두세 개를 일 개조로 묶어 도매상과 소매상에 팔기 쉽도록 마무리해야 모두가 잠을 잘 수가 있었다. 다음 날 껍질을 벗겨 묶은 옥수수는 새벽에 큰 가마솥에 쪄서 어머니와 큰누이가 일산 읍내 시장에 팔러 가고, 못생기거나 이빨이 빠진 옥수수는 우리 가족의 식사 대용이거나 간식거리가 되었다.

우리 집에서 재배한 옥수수는 동화 나라 은하에서 건너온 별들 나라의 간식인 양 생각되어 아무리 먹어도 질리지 않고 맛이 있었는데 그러한 옥수수와의 신선하고 우호적인 만남은 오래가지는 않았다.

시골 읍내 중학교 이 학년에 다니던 한여름의 칠월. 2/4분기 수업료를 못 내서 전전긍긍할 때였다. 오전 수업이 끝나고 점심시간이었는데 학우들이 어머니가 나를 찾아왔다고 뛰어왔다. 나와 학우들이 놀란 것은 어머니의 모습 때문이었다. 어머니는 옥수수를 담아 팔던 빈 광주리를 머리에 이고 노점(露店)에서 옥수수 팔기에 편리한 몸뻬 차림으로 학교를 찾아왔던 것이다. 구경꾼처럼 학우들이 어머니 주위로 몰려들자 어머니는 옥수수를 팔아서 마련한 돈을 나에게 던지듯이 건네주고 큰 운동장을 가로질러 쫓기듯이 학교를 빠져나갔다.

어머니가 돌아간 후 학우들이 쑥덕대고 있었다. 어머니 옷차림새도 차림새지만 어머니 옷에서 옥수수밭에 거름으로 주던 인분(人糞) 냄새가 난다고 수군거리는 것을 듣게 되었다. 나는 얼굴이 화끈거렸다.

학교 수업이 끝나자마자 곧바로 집으로 뛰어가 밭에 나가 있는 어머니에게 다가가서 냄새를 맡아보았다. 어머니 옷에서는 흙냄새만 났다. 나는 어머니 옷차림에 대한 꼬투리를 잡고 왜 그런 차림으로 학교에 나타나서 아들 망신을 주었느냐고 따졌다. 어머니는 "바쁜데 옷차림이 뭐가 어떻냐!" 한마디 하고는 당신 할 일만 하셨다. 어머니와 다투고 난 후 학교에서 돌아오면 어머니를 도왔던 옥수수밭 일도 하기 싫어져 과외 수업 핑계를 대고 학교에서 친구들과 놀다가 옥수수밭 일이 끝나가는 저녁 늦게 집으로 오곤 했다.

돌밭이나 척박한 땅에서도 잘 자라 한 알을 심으면 천 알을 얻는 옥수수를 어머니가 대규모로 경작하고부터 몇 년 후 그 질기고 험악한 가난도 우리 집을 떠났다.

가난이 떠나자 나도 고향을 떠나 서울로 학교를 옮기면서 옥수수와 나와의 인연은 멀어졌다.

어머니는 칠순이 넘도록 옥수수 광주리를 내려놓지 못하였다. 읍내보다 이익이 많은 신촌에서 팔려고 경의선 열차에 옥수수 광주리를 이고 올라타려다 넘어졌다. 그 후유증으로 오랜 동안 고생을 하다가 중풍으로 쓰러져 삼 년을 누워 있다가 하늘나라로 가셨다.

고생만 하다 돌아가신 후 몇 년 동안은 어머니가 생각나서 가슴이 미어지는 듯한 회한이 몰려와 잠을 못 이루곤 하였다.

어머니가 하늘로 가신 지 올해로 팔 년, 그동안 주로 아파트에서만 살다가 주택으로 옮긴 후, 봄이 되자 옆집과 같이 집 앞 버려진 나대지 서른 평을 일구었다. 두 집이 합동으로 꽃과 작물을 재배해서 구경도 하고 열매는 똑같이 나누기로 하였다. 옆집에서 구한 유채꽃과 아내 고향인 괴산에서 가져온 찰옥수수를 반반씩 심었다. 그런데 씨를 심고 두 주 후 씨에서 조그마한 새싹이 올라와 조금 자라자 그때부터 비가 내리지 않아 땅이 돌같이 딱딱해져갔다. 게으른 나는 물주기를 귀찮아하며 아내에게 비가 곧 올 것이라며 물을 줄 생각을 하지 않았다.

가뭄이 계속되어 유채꽃과 옥수수 싹이 비실비실하고 힘들어하자 옆집에서 기다렸다는 듯이 물뿌리개가 달린 호스를 연결하여 물을 주기 시작해 새싹이 다시 살아났다. 아내가 투덜거리며 "옆집에서 우리 몫까지 물을 주어 문밖을 못 나가겠어요" 했다. 아내는 옆집에서 두 번 물을 줄 때 우리도 한 번 정도는 주어야 하는데 당신은 야근 아니면 저녁 회식으로 매일 밤늦게 들어와 옥수수는 신경도 안 쓸걸 왜 심었느냐고 따졌다.

도시에서 자라 시골 생활을 모르던 옆집 젊은 부부는 유채꽃과 옥수수 키우기를 너무 재미있어 하며 물주기는 당연히 자신들 몫인 양 불평 없이 즐겼다. 나는 아내 잔소리에 못 이겨 옆집에서 일주일에 서너 번 물을 줄 때 한 번 정도 주는 것으로 몇 주를 버텼지만 늦은 봄부터 시작된 가뭄은 그칠 줄 몰랐다.

백 년 만의 최악의 가뭄, 초여름이 시작되고 옆집 부부가 지방 여행을 간 사이 자주 물맛을 못 본 옥수수가 가뭄에 못 견뎌 배배 꼬이고 죽어가기 시작하자 나는 비가 내리지 않는 밤하늘을 원망스럽게 바라보았다. 하늘에는 별들이 총총했고 운동장만 한 달이 떠 있었다. 달 한가운데는 어린 시절 쫓기듯이 운동장을 빠져나가는 옥수수 광주리를 머리에 인 어머니 모습이 보이는 듯하였다.

다음 날부터 나도 퇴근하면 호스를 끌어다가 옥수수에 물을 주었다. 여행에서 돌아온 옆집은 평소 물주기에 게을렀던 나의 예상치 못한 행동에 뜨악한 표정을 지으며 걱정스러운 얼굴로 바라보았지만, 그 후 일찍 퇴근하는 집에서 물을 주는 것으로 합의를 보았다.

유채꽃과 옥수수가 물을 주는 대로 커가자 물주기에 쏠쏠한 재미가 붙은 옆집도 만만치 않았다. 내가 본격적으로 물주기를 하고 옥수수가 하늘을 향해 쭉쭉 뻗어나가자 옆집 부인은 절약이 몸에 밴 아내에게 "아저씨네 물값 엄청나게 나오겠는데요" 하고 아내의 불편한 심기를 건드리면서 자신들이 계산한 수치까지 나 몰래 아내에게 알려주었다. 그러자 아내는 "당신 정말 너무하는 거 아니에요? 그 수돗물 값이면 옥수수 사다가 먹는 게 났겠네요" 하고 빈정거렸다. 옆집은 나와 아내의 불화를 조장하면서 나의 물주기를 단수 높게 시기하였다.

"애들 아빠가 올해 봄까지는 지방에 숙박 출장을 많이 가시더니 초여름부터는 전혀 안 가시네요. 회사에 뭔 일 있나요?" 하고 아내의 염장을 질러 나의 물주기 양보를 은근히 부추겼다. 나는 초여름부터 지방 출장을 동료 직원에게 부탁하거나 이박삼일이 걸리는 출장일을 매일 집에서 하루치기로 다녀온 사실은 아내와 옆집에 비밀로 하였다. 거기에 더하여 옆집 부부의 외국 여행이나 지방 여행을 은근히 바라며 아내한테 옆집의 동정을 염탐해 오게 하였다.

그 후에도 옆집과 우리 집의 옥수수 물주기 주도권에 대한 눈치 보기는 긴장을 더해갔다. 나는 옆집과 비슷한 시간에 퇴근할 때면 옆집이 주차시키고 있으면 그쪽이 먼저 옷을 갈아입고 호스를 끌고 나올까 우려해서 내 차를 주차하고는 옷도 갈아입지 않고 호스를 끌고 옥수수밭으로 나갔다. 아내가 옆집한테서 무슨 말을 들었는지 빈정대면서 "당신 여자 생겼어요? 옥수수는 핑계고 뭔가 수상해. 아니, 옥수수가 그렇게 예뻐 죽겠나? 나한테 그렇게 애정을 쏟으면 인생이 편할 텐데 알다가도 모르겠네요"라고 했다.

옥수수는 물 이외에도 애를 먹였다. 병충해가 옥수수가 크기도 전에 잎사귀를 갉아먹고 옥수숫대를 뚫고 구멍을 내었다. 나는 한걸음에 시 농협에 달려가 병충해 약을 사서 뿌렸다.

옆집에서 나의 열병을 눈치챈 것은 저녁에 물을 준 흔적이 있는데도 회식을 끝내고 늦게 와서 술에 취해 새벽 두 시에 물을 주다가 고3 수험생인 옆집 아들한테 들키고부터였다. 내가 밤늦게 집에 와 옥수수 이파리를 손으로 확인하고도 물을 다시 주는 광경을 관찰한 옆집 아들이 자기 부모에게 고자질하였는지 이후에는 재미난 저녁 물주기를 은근히 나에게 양보하는 눈치였다.

나의 탐욕은 거기에 그치지 않았다. 옆집에서 일찍 퇴근할까 봐 조퇴를 하고 물을 주었으며, 한번은 옥수수가 물을 기다릴 것 같아 중요한 모임을 급한 일이 생겼다고 핑계를 대면서 빠지고 귀가하기도 했다.

무럭무럭 자란 옥수수는 내 키만큼 자랐고 옥수수 열매도 튼실하게 영글어갔다. 하루는 퇴근 후 옥수수부터 물을 주고 밤늦게까지 서재에서 졸다가 늦은 밤 옥수수가 잘 있는지 궁금해졌다. 슬그머니 일어나 현관문을 열고 나가서 내 키보다 커진 옥수수밭에 앉았다. 길게 늘어진 진초록의 옥수수 잎들은 달빛에 젖어 있고 하늘에는 작은 구름들 사이로 큰 달이 지나가고 있었다.

달과 구름 사이에는 어린 시절의 옥수수밭이 길고도 넓게 펼쳐져 있었으며 밭 한가운데에서 어머니가 웃으시며 나를 내려다보고 계셨다.

'내가 환영을 보고 있나?' 허벅지를 꼬집어보았다.

다음 날은 먹구름이 일더니 한줄기 소나기가 퍼부었다. 순식간에 옥수수밭을 적셨다.

긴 가뭄이 끝나고 장마가 시작되었다.

심학산 문학촌

K회사를 삼십삼 년 다니고 명예퇴직을 했다.

그해 시월 말 나의 자전적 소설『신은 한국을 선택했다』출판기념회를 광화문 K빌딩 음악당에서 평소 고마워하던 지인들을 모시고 성대히 치르고 난 며칠 후 아내와 고향 선산을 찾았다. '출판기념회를 성황리에 마치게 된 것도 지하에 계신 조상님의 음덕 때문이야. 이제 책이 불티나게 팔리도록 조상님께서 도와주시겠지.' 할아버지 묘소와 부모님 묘소에 크게 두 번 절을 하고는 주위를 한 바퀴 둘러보았다. 아내가 할아버지 묘소 귀퉁이가 패여 황토가 보이는 곳을 가리키며 "내년 식목일에는 잔디를 더 입혀야겠어요"라고 했다. 나는 맞장구를 쳤다.

"그동안 자손된 도리를 너무 게을리했어, 묘를 거의 방치해두었으니! 이제라도 묘지 관리에 신경을 써야지."

한 줄기 바람이 묘소 주위의 낙엽을 몰고 왔다가 사라졌다.

나는 환상 속으로 빠져들었다. 내가 출판한 책이 베스트셀러가 되고 문학적 가치가 인정된다면, 거기에 유명 작가로 알려지면 봉평 이효석 문학촌이나 춘천 김유정 문학촌처럼 지자체들이 발 벗고 나설 테지. 파주시에 그동안 걸출한 문인이 하나도 없었던 것은 얼마나 다행인가. 기회의 땅, 아마도 이 땅은 나를 기다려왔는지도 모른다. 조금만 있으면 나의 존재감은 더욱 빛날 것이다. 나는 더 깊은 환상 속으로 빠져들었다. 부모님 묘소 아래에는 내가 묻힐 테고, 그 옆 공터에는 문학비를 세우고 출간 소설에 나오는 주제 '영원한 것은 없다'에 대한 작가가 이야기하려 했던 해설이 있어야 하겠지! 더욱이 주인공이 아내에게 보내는 애절하고도 구구절절한 유려한 문체의 편지 내용도 기념비 옆 아주 큰 돌에 새겨두면 더욱 좋겠어. '××× 문학촌' 그런데, 저 아래 나의 생가와 산 중턱 내가 잠든 곳까지 오는 길에 많은 탐방객이 오려면 길이 너무 좁은 것 아닌가? 나는 아내 몰래 웃음을 참고 있었다.

봉평에는 메밀꽃이 있지, 우리 고향은 여러 가지 꽃이 많아서 봄에는 심학산 꽃 축제를 열지! 그중에서 특히 원추리 꽃이 많은데 노란 원추리 꽃, 만리장성 성벽 쌓기에 끌려간 젊은 남편이 죽은 줄도 모르고 돌아오기만을 기다린 영원한 사랑의 상징 원추리 꽃. 이번에 내가 출판한 소설 『신은 한국을 선택했다』도 영원의 문제를 담았는데 꽃으로 상징화한다면 원추리 꽃이지. 파주시에 건의해서 더 많이 심는 것도 좋을 듯. 그때 아내가 나의 환상을 깨뜨렸다.

"눈이 올 것 같아요. 길이 미끄러지기 전에 출발해야죠."

고향 산소를 다녀온 후 일상으로 돌아온 나는 바쁜 나날을 보냈다. 그러던 어느 날 아내와 딸과 아들, 가족 모두를 별도 방이 딸려 있는 먹자촌 한우 음식점으로 불러냈다. 내 남은 생애와 사후에 일어날 하늘만이 알고 있을 이를테면 천기를 이들에게는 들려주어야 한다는 결심 때문이었다.

나는 주도면밀했다. 이들이 고기를 적당히 먹기를 기다리고는 식당에 오기 전 준비한 나와 출판사 사장의 큰 도장이 찍힌 '출판권 설정 계약서' 복사본 세 부를 이들에게 각 한 부씩 돌렸다. 해야 할 이야기는 많았지만, 장엄하게 선언되고 엄정하게 집행될 유언과 상속이라는 단어들이 떠올라 말을 아껴야 된다고 생각했다. 이야기가 너무 장황해지면 신뢰가 떨어지고, 거기에 이들이 내게 가지고 있는 평소 나와의 술자리에서 느꼈던 잔소리하던 아버지의 이미지가 떠오르는 것을 경계해야 한다. 나는 바로 치고 들어갔다. 그래, 급소를 찔러야지! 왜 위대한 지아비와 아버지를 못 알아보았던가를 이들에게 바로 알려야지.

"이 계약서가 너희에게는 헤밍웨이의 소설『노인과 바다』저작권과 같은 효력을 가지는 것이다."

나는 최대한 목소리를 낮추어 근엄하려고 노력했다. 세 사람은 시쳇말로 잠자다가 봉창 두드리는 것이라는 반응! 그러한 표정이 역력했다. 나는 이들에게 저항할 시간을 주어서는 안 된다는 생각이 들었다. 나는 목소리를 조금 높였다.

"이십 일 전 출판한 아빠의 장편소설은 칠십 년간 인세라는 돈이 들어오고 그건 이 아빠가 죽어도 상속된다는 사실을 오늘 밝히고 싶다."

잠시 뜸을 들이고 이들의 표정을 살폈다. 이들은 크게 감격하거나 다른 변화를 보이지 않았다. 나는 퇴각을 하기에는 너무 적진에 깊이 뛰어들었다는 느낌이 들었다.

"적지 않은 인세가 이번 달부터 들어오겠지만서두……."

나는 그들이 내 말뜻을 못 알아들은 듯해서 다시 중언부언했다.

"너희도 아빠가 십 년 전 강릉에 근무할 때 강원도 봉평에 몇 번 가보았지. 밀려드는 탐방객. 봉평 하면 이효석이고 메밀꽃이잖니. 한강하구 심학산 하면 XXX이고, 원추리…… 하하하!"

나는 멋쩍게 웃었다. 세 사람은 내 이야기보다 고기 먹는 데 더 열중인 것 같았다. 난 이 대목에 술병에 남은 소주를 따라 연거푸 두 잔을 마셨다. 술기운이 짜하고 퍼지며 취기가 올랐다. 나는 아내의 만류에도 소주 한 병을 추가 주문하고 몇 잔은 원샷으로 나의 담대함을 보여주었다. 나는 술에 취해 이들에게 강요하듯이 버벅거렸다.

"세 사람이…… XXX 문학촌을 안 만들어도 내 독자들이 만들 것이다."

이들이 드문드문 질문을 했지만 크게 내 비위를 건드리지는 않았다. 나는 내 야심차고 원대한 구상인 심학산 XXX 문학촌 건립의 건을 일단은 큰 반대 없이 통과시켰다.

그로부터 일 년 이 개월 후 일요일, 늦잠을 자고 있는데 안방 문이 덜 닫혔는지 거실에서 두런거리는 소리가 들려왔다. 딸아이가 아내에게 물었다.

"요즘 아빠 어디 나가시는 것 같던데?"

"응 아빠 친구 회사에 나가셔, 목구멍이 포도청인데."

"인세는 안 들어오고?"

"뭔 인세? 더 배워야 한단다."

아들 녀석이 한마디 거들었다.

"심학산 문학촌은 언제 짓노?"

아내가 평소에 하던 수화(手話)인 오른쪽 검지를 직각으로 입술에 대는 것이 눈앞에 어른거렸다. 커튼을 걷자 눈이 내리고 있었다.

아득한 하늘 끝에서 눈이 내리고 있었다. 눈은 하늘 한가운데서 쫓고 쫓겨 다니며 몰려오고 몰려갔다. 거센 바람이 휘몰아치면서 눈은 창에 부딪히고 울부짖었다.

수많은 눈은 고향 마을의 문학촌을 하얗게 덮어버렸다.

눈은 그날도 다음 날도 내렸다.

텃거리로 간 수지 이모
헛발

황영경

2002년 『농민신문』으로 등단했으며
소설집 『아네모네 피쉬』가 있다.

턱거리로 간 수지 이모

맞은편에 앉아 있는 중년의 남녀 한 쌍. 저들의 관계가 부부일 리는 없다. 여자의 손이 남자의 한쪽 허벅지에 올려져 있다. 습관인 듯 여자의 손은 자꾸만 만지작거린다. 주무르고 쓰다듬고, 남자의 바짓가랑이 한가운데로 넘어가지 않는 것이 천만다행. 사찰의 보살상처럼 풍부하게 넘쳐흐르는 여자의 얼굴선이 위태해 보인다. 수북하고 두툼한 손등이 더욱 여염집의 아낙은 아닐 것이라는 의심을 산다. 침침한 내실의 탁자 밑도 아닌, 휴일 오전의 전철 안에서 여자의 대담함은 뻔뻔함으로 왜곡된다. 마른 오징어 가면이라도 쓴 듯 윤곽이 흐릿한 얼굴의 남자가 다리를 꼬아 고쳐 앉으며 여자의 손을 맞잡아 쥔다.

저 여자에게 남자를 위하여 밥상을 차릴 만한 힘이 더는 남아 있지 않았을 때에도 남자는 저렇게 여자의 손을 잡아줄 수 있을까. 아니, 남자를 위하여 더 이상 가랑이를 벌려줄 수 없을 때가 오더라도.

종점이 가까워지자 전철 안의 통로가 확 뚫렸다. 소요산을 오르려는 등산객들과 연천행 중앙선으로 갈아타려는 나들이객들만 남고 모두가 썰물처럼 빠져나간다. 메마른 풍경이 스쳐가는 차창 너머로 언뜻언뜻 연초록의 실루엣이 찬란하다.

상춘객의 인파에 섞여서 나는 몇 차례 더 이런 순례객이 되어야 할지. 중세의 지방 도시를 떠돌던 흑기사들의 전설이나 집시들의 카르멘 따위 같은 판타지라고는 도대체 없는, 이 무미한 여행은 곧 갈아탈 대기 역이 없음에도 조바심만 난다. 내가 주말마다 동두천 답사를 하게 된 데는 수지 이모가 잠시 정신이 들어온 듯 힘겹게 밀어낸 "턱거리"라는 불분명한 발음이 단서가 되었다.

인삼파스, 전철 안에서 파는 품목 중의 하나다.

아픈 데만 바르는 게 아닙니다. 밤에 잠이 안 올 때 이것을 발바닥 한가운데다 착 붙여주기만 하면 편안한 잠을 주무실 것입니다. 한번 믿어보세요.

전철 안의 행상인은 열혈 종교의 전도자처럼 '믿어보세요'를 남발한다. 발바닥 한가운데, 아마 용혈 자리를 말하는 것이겠지. 그곳에 인체의 모든 기가 집중되어 있다고, 준비운동으로 시작하는 발바닥 두들기기를 하며 요가 강사가 일러주었다. 무용과를 막 졸업한 젊고 아리따웠던 그 처녀 선생의 친절함이 불현듯 그리워진다. 급소와 같은 곳이어서 위급한 상황에 아주 강하게 찌르듯이 눌러주면 효과를 볼 수 있다고 했다. 일시적인 효과라 해도, 허망한 줄을 알면서도 믿고 싶은 것들.

역사를 빠져나오자 썰렁한 거리가 오래된 필름을 돌리는 영사막같이 펼쳐진다. 미군 기지 잔류에 반대하는 붉고 흰 현수막 두 개가 나란히 나부끼는 풍경이 익숙한 듯 낯설다. 동두천 사람들의 돈줄이었던 미군 부대가 이제는 동두천의 발전을 가로막는 눈엣가시가 되어버렸으니.

택시 승강장을 찾아 두리번거리는데 불쑥 시커먼 물체가 내 시야를 가린다. 우람한 체격의 흑인 청년 하나와 나 단 둘뿐이다. 그는 전봇대를 스치듯 내 옆을 그저 무심히 지나쳐 갈 뿐인데 어이없는 불안감이 슬며시 내 뒷덜미를 훑는다. 어리석다, 어리석다, 도리질을 하지만 쫄깃한 압박감의 라텍스 장갑을 낀 그 보이지 않는 손이 내 전신을 더듬는다.

그 청년이 곧 나를 따라올까 봐 종종거리며 공원 쪽을 향해 내처 걷는다. 춘래불사춘(春來不似春)! 동두천의 봄은 언제나 오려나. 처처에서 꽃이 피는 게 아니라 처처에서 의혹의 잡풀만 살아난다. '바람보다 먼저 일어날망정 바람보다 먼저 눕지는 않는' 내 불안의 잡풀들은 어쩌면 엄마에게서 물려받은 업장의 씨앗에서 발아된 것일지도 모른다.

"동두천에서 턱거리는 웬만한 클럽보다는 수입이 좋았지. 거친 미군들을 직접 상대하니 위험하기도 했지만, 따로 뜯기는 데가 없으니 해볼 만했을 거야. 선자 걔가 원래 욕심이 많았거든."

담요를 한 장씩 접어 들고 부대를 따라 산으로 들어갈 때도 있었다고 했다. 나는 그게 일본군 위안부들 얘기인 줄 알았다. 일제강점기가 삼십여 년이나 지난 시절, 주한미군이 주둔한 동두천에서도 있었다는 사실. 만일 내 엄마도 이모들처럼 좀 더 젊었더라면?

수지 이모가 한국에 남겨진 자신의 아이들을 위해서 부쳐준 달러를 가로채지 않고, 차라리 엄마도 클럽에나 나가는 게 옳았을까.

아픈 데만 바르는 게 아닙니다. 밤에 잠이 안 올 때 이것을 발바닥 한가운데다 착 붙여주기만 하면 편안한 잠을 주무실 것입니다. 한번 믿어보세요.

한번 믿어보세요, 한번 믿어보세요……. 인삼파스를 살걸 그랬나 보다. 엄마도 엄마가 필요했던 밤 시간들. 엄마는 늘 불안하고 초초하다고 했다.

"그래도 살아야 했으니까. 그땐 모두가 죄인이었지."

*

김선자 할머니가 사라졌다는 전화를 받았을 때 나는 차라리 안도감마저 들었다. 옛 선승들이 때가 되면 홀로 조용히 산속으로 들어가서 종지부를 찍었다는 천화(遷化). 어쩌면 큰이모의 생을 한 방에 격상시킬 수 있는 방법이 아닌가.

조금 일찍 정신줄을 놓아버린 수지 이모를 받아주는 곳은 요양병원 말고는 아무데도 없었다. 잠시 의식이 돌아와 "턱거리"라는 발음을 어눌하게 뱉어냈지만 그마저도 결코 큰이모의 제정신은 아니었다.

양공주라는 주홍글씨의 수용소에서 비로소 석방된 수지 이모에게 요양병원이야말로 안락한 기숙사 같은 곳이 아니었을까. 정당하게 분배된 배당금 같은 말년의 삶. 생로병사의 인생의 종점이란 누구에게나 공평하게 불우하기 마련이니까.

"인생은 엔조이야!" 어쩌면 수지 이모가 옳았다. '엔조이'하지 못했던 삶이 너무나 억울해서 허탈에 빠진 탈바가지들, 늙은 파충류의 얼굴들. 파충류의 젊은 모습이란, 구별할 수 있는 것일까. 그럼에도 나는 '늙은'이란 수식어를 붙일 수밖에 없는 그런 그들의 모습을 목격해야만 했다. 여성도 남성도 아닌, 그저 목숨붙이일 뿐인 존재들. 좀비들과 다를 바 없는 형태들.

내가 수지 이모를 마지막으로 본 것은 삼 개월 전쯤이었다. 이태 전, 애리 이모의 장례식 때까지만 해도 수지 이모는 요양병원으로 갈 만큼 파삭한 정도는 아니었다. 젊은 날 한때, 고랑포에서의 명성이 영화배우 문희나 윤정희를 훨씬 능가했던 큰이모. 사실 내게 아직까지 선명하게 남아 있는 이모들의 이미지는 잠깐 동안의 그 고랑포 동네 시절 새겨진 것이다.

지금은 옛 지명을 딴 '장단콩' 덕분에 약간의 유명세를 타고 있을 뿐 이미 쇠락하여 그 옛날의 번성과 영화의 흔적마저 지워진 경기도 연천군 임진강 강변의 어촌 마을. 마포나루에서 새우젓 배가 들어올 때만 해도 흥청망청 호황기였지만, 우리는 그런 호시절이 다 끝나갈 무렵에 전쟁의 패잔병처럼 그 동네로 찾아들었다.

수지와 애리는 김선자와 김선심의 예명이었다. 문희와 윤정희처럼 영화배우도 아니면서 예명을 가질 수 있는 여자들. 본래의 운명을 거부하고 새로운 인생의 개척자가 된 것이다. 스무 살을 갓 넘은, 꽃송이 같았던 이모들. 선자와 선심이었던 이모들이 수지와 애리라는 예명을 달고, 옆

구리에는 아이 하나씩을 달고 고랑포로 우리 집을 찾아왔을 때 께름하게 술렁이던 분위기. 어린 우리들도 개처럼 예민했고 직감이 빨랐다. 이모들은 처음엔 그냥 외제 장수였다.

저년들 자매가 똑같아. 갈보 같은 년들, 어디 후릴 데가 없어서 이런 촌구석까지 들어와서……. 엄마의 등 뒤에서 공공연하고 당연하게 이모들에게 쌍욕을 하는 여자들이 엄마와는 사이가 좋다는 사실과 그런 여자들에게 아무런 적의를 갖지 않는 엄마의 형편없는 자존심. "우리 고향은 충청도야. 충남 청양 칠갑산 밑. 사람들이 물어보면 그다음은 모른다고 해." 왜 고향을 속여야 하는지 설명해주지 않는 엄마는 툭하면 머리에 흰 수건 쪼가리를 둘러 질끈 동여맨 채 앓아눕고는 했다. 아버지는 왜 집으로 오지 않는지, 삼촌들마저 왜 발길을 딱 끊어버렸는지, 그런 건 엄마에게 절대 물어볼 수가 없었다. 동네에서 아버지가 없는 가정이 우리 집뿐만이 아니었으므로 나도 엄마처럼 머리를 싸매고 싶지는 않았다.

강력범죄자라도 숨어든 듯 찜찜하다는 눈치를 주는 노인들 말고는 한동안 동네 사람들은 이모들이 포함된 우리 가족에게 대체로 호의적이었다. 이모들의 활동 무대가 파주(아마 용주골이었겠지)에서 동두천 보산리로 옮겨지기 전까지는 우리들의 일상은 더없이 안온한 날들이었다.

이모들이 한 번씩 고랑포를 떠났다가 돌아올 때면 자신들의 예명처럼 이국적인 것들을 잔뜩 싸 들고 왔다. 그네들이 가지고 온 진기하고 휘황찬란한 장식품과 의상들은 온 동네 여자들을 들뜨게 했다. 어린 계집아이들도 호화스런 것에 대한 애착은 마찬가지였다. 레이스가 곱슬곱슬하게 달린 원피스 같은 것은 가히 환상적이었다. 언니와 내가 그런 호화스런 원피스를 입을 수 있게 해준 이모들을 가졌다는 것은 축복이었다. 고랑포에서 그런 옷차림의 여자애들은 우리밖에 없었다. 내 동생들 말고도 이모들의 자식들까지 돌봐야 하는 고단함으로 마음은 황폐할 지경이었지만 이모들의 외제품 때문에 우리의 행색은 공주마마였다. 그것이 비록

구호물자라는 이름으로 건너온 헌옷가지였을망정.

이모들이 고랑포에 드나들고, 석 달쯤 후였을까. 써니와 토니라는 또 다른 이모들의 아이들이 늦게 부쳐진 소포처럼 도착했을 때 동네 가운데서 우리 집에만 지진이 난 것 같았다. 아니, 폭격을 맞은 것이다. 우리들과는 피부색과 생김새가 분명히 다른 아이들. 폭탄도 그런 폭탄이 없었다.

애리 이모가 돌아가신 후에 수지 이모는 남은 생을 죄의식에서 벗어난 정당함으로 살아갈 수도 있었을 것이다. 동생의 남편을 가로챈 파렴치한 이란 오명을 뒤로 제쳐두고. 수지 이모는 어쩌면 처음부터 그런 것 따위는 개의치 않았는지도 모른다. 잭슨을 따라 한국 땅을 떠날 때 이미 그런 윤리와 도덕 같은 거추장스러운 옷을 벗어던졌는지도 모른다.

"인생은 엔조이야. 엔조이하는 인생이 해피한 거야. 이런 촌구석에서 죽치고 있느니 고깃배 타고 바다에라도 나가지. 일할 때 일하고 쓸 때 써야 살맛이 나는 인생이잖아."

배가 닿을 때마다 왁자지껄한 술청이나 기웃거리는 남자들을 수지 이모는 매우 경멸했다. 그때 고랑포 남자들이 하는 일이란 배를 타고 나가는 일 아니면 부두에 남아서 빈둥거리는 일이었다. 인생을 엔조이할 줄 모르는 남자는 남자도 아니라는 것. 고랑포 여자들하고는 생각이 달라도 너무나 많이 달랐던 수지 이모. 고랑포뿐만 아니라 한국의 모든 여자들과는 사고방식이 달랐던 큰이모는 한국을 떠나야만 했다. 여동생의 남자를 업고서라도.

*

요즘은 자주 꿈을 꾼다. 수지 이모와 연관된 이미지들이 토막토막 잘리기도 하고, 내가 수지 이모가 되어 어디론가 사뭇 달아나는 내용이다. 어지러운 꿈들을 꾸고 난 이른 새벽. 거울에 비친 내 얼굴은 영 몰골스럽다. 작은 크기의 세숫대야만 하게 뭉쳐진 밀랍 덩이에 조각칼로 파놓은 듯 심오하게 찍힌 입가의 팔자주름은 특히나 도드라진다. 이건 정말 나를 사랑스럽다고 우기는 데 지독한 방해가 된다. 하관을 따라 흐르는 와디(wadi)의 골짜기는 남아 있는 삶 자체를 몽땅 비관하게 한다. 고독이나 권태, 침통의 기표가 아닌 중년의 나이테쯤으로 인정해주면 안 될까. 인체의 피부조직이란 원래 중력에 의해서 아래로 처지게 되어 있다지만 똥싼 바지같이 흉측해진다면 백 살까지 수명이 주어진다 한들 그게 무슨 지복의 삶일까. 거울을 보며 우울해한다면 우울증의 전조라는데. 육체를 초월한 삶을 살 수 있을 만치 내면이 꽉 찬 도인의 경지에 올라 있거나, 하루 연명에 필요한 기력만 겨우 남은 파삭 늙어빠진 삶이라면 모를까, 중년의 터널은 너무 지루하다.

산간 오지에서 2막의 삶을 시작한 친구는 새로운 세상일까. "한잠 자고 나면 두 시쯤이야. 이때가 하늘의 별이 제일 좋아. 주먹만 한 게 머리 위로 흘러내릴 것 같아. 탱탱하게 영글어서 곧 터질 것 같은 거 있지." 신령이라고 했던가, 영성이라고 했던가. 아무튼 새벽 두세 시에 일어나 밤하늘의 별을 헤며 영감을 얻어서 글을 쓰고, 동트는 아침녘에 다시 두 잠에 드는 세월을 살고 있다는 그 친구는 얼마나 다른 삶일까.

"차희야, 있잖아. 우리가 밤하늘의 별을 보고 그리워하거나 환상을 품는 건, 우리가 거기에서 왔기 때문이래. 거기가 세상 사람들 모두의 고향이래."

"야, 언니. 너는 그딴 걸 진짜로 믿는단 말이야? 믿을 게 많아서 참 바쁘겠다."

별들의 이야기, 아주 오래전 핸섬보이 오빠가 주었던 책. 역시 미군을 통해서 들어온 미제 책이었다. 냄비 받침으로 쓰다가 결국 그런 책이 있었는지조차도 잊었던, 그 꼬부랑글씨의 그림책이 어떤 날 새벽엔 문득 생각나고는 했다. 내게는 통 머리만 아픈 책이었지만 아직 중학생도 아닌 언니가 그 책을 이해한다는 것(아마, 이해하는 척했겠지만)이 내겐 더욱 골치 아픈 문제였다. 나보다는 훨씬 똑똑한 언니였지만, 우리 동네 목사님의 아들인 핸섬보이 오빠와 함께 언니가 밤하늘의 별들과 은하수에 대해서 논한다는 것은 참을 수가 없었다. 그들이 그런 하늘나라 천지사방만큼이나 알쏭알쏭한 사이로 조숙해진다는 것은 내게 무척이나 곤혹스런 일이었다.

연년생인 언니와 나는 쌍둥이처럼 생김새와 행동거지가 비슷해서 사람들은 우리들을 혼동해서 부르기도 했다. 차순아, 차희야, 하고 동네 사람들이 우리의 이름을 한꺼번에 부를 때면 언니와 나는 동생들을 하나씩 둘러업고 부엌에서, 아랫방에서 동시 출현을 했다. 차수와 차영이 말고도 이모들의 자식인 은주와 경호, 써니와 갓난쟁이 토니. 우리 집은 작은 보육원처럼 언제나 시끌벅적했다.

그러니까 우리 집은 별로 평범한 가정이 되지는 못했다. 그래도 나는 평범한 가정이라고 우기고 싶었다. 그 시절에는 밥을 굶는 집이 허다했으므로 밥을 굶지 않았던 우리 집이야말로 '평범'이라는 추상명사가 풍기는 소탈한 의미에 적합하지 않을까, 하는 자의적인 해석을 하고픈 당돌한 동심이었던 것이다.

어쨌든 우리 집이 평범한 가정이 된 데에는 이모들의 공이 컸다. 당시 우리 동네 여자들은 거의가 공판장 앞에 쪼그리고 앉아서 생선의 배를 따거나 대가리를 쳐내는 일을 했다. 동네 잔치가 있어서 단체로 목간통에 물을 끓여서 목욕을 하고 제아무리 멋들어지게 빼입어도 고랑포 여자들의 몸에서 완전히 박리되지 않는 비린내. 그것은 어쩌면 고랑포 여자들의 공통된 콤플렉스였는지도 모른다. 하지만 이모들은 달랐다. 그네들이 무르팍 반쯤에 닿는 치맛자락을 팔랑거리며 지나갈 때는 지분 냄새가 솔솔 풍겨져 나왔다. 사향노루의 그것을 차고 다니는 것도 아닌데 사람을 홀리게 만드는 그 무엇이 이모들에게는 확실히 있었나 보다.

"저 똥갈보 같은 년들 좀 봐!" 아무리 똥 같은 욕을 먹거나 말거나, 나는 오히려 고랑포 여자들과는 격이 다른 이모들이 좋았다. 큰이모는 영화배우 문희처럼 도시적이고 지적이었으며 작은이모는 윤정희처럼 깜찍하고 청순했다.

'엔조이'라는 영어를 일찍 습득한 것은 이모들 때문이었지만 '즐긴다'는 것은 밥을 먹는 것만큼이나 일상적인 것이 아니라는 것 역시 이모들을 통해서 배웠다. 즐긴다는 말 자체에 숨겨진 무언가 뒤가 구리고 개운치 못한 것 같은 뉘앙스를 알아차리는 것도 함께.

*

갓 스무 살 넘어쯤의 앳된 여자애가 열심히 화장을 하고 있다. 전철 안에서 화장을 해야 할 만큼 경황이 없었던 걸까. 어린아이 손바닥만 한 동그랗고 하얀 손거울을 들고 핸드백 속에서 화장 도구를 차례로 하나씩 꺼내어 눈썹과 속눈썹 라인을 꼼꼼히 그린다. 눈두덩과 볼에 색 터치를 하는 손놀림이 어찌나 재바르고 날렵한지 앳된 여자애라고 단정했던 내 안목이 그만 무색해진다. 하기야 요즘은 여고생 때부터 화장을 한다니 스물 이상만 되면 제 얼굴을 꾸미는 화장술에 도통들 하겠지. 저 조그만 손거울로도 거의 가려질 만큼 앙증스런 저 애의 얼굴이 꽃처럼 막 피어나고 있다. 그대로도 한 송이 꽃 자체인 저 여자애가 왜 저리 공공장소에서 손거울로 얼굴을 가려가며 수상하게 공들여 화장을 할까.

어떤 여자에게도 스무 살은 있었다. 사십여 년 전의 여자에게나, 아주 멀리 선사시대의 여자에게나. 거리의 여자에게도, 심지어 마귀할멈에게도 스무 살은 공평하게 주어졌지. 그 스무 살, 나를 기다려주는 사람에게 다가가는 것은 물길이 물길을 따라 흘러가듯이 전류가 전류를 타고 지나가듯이 천연스럽고 당당한 것. 그러나 그런 찬란함은 생에서 자주 주어지지 않지.

저 아가씨. 그녀가 사랑에 빠졌다고, 다시 단정해도, 내가 틀린 건 아닐 것이다. 맞은편의 나는 흘깃흘깃, 느린 렌즈 속의 꽃처럼 만개하는 그녀의 얼굴을 청춘이 덜 지나간 사내인 양 훔쳐본다.

휴대용 랜턴과 등산용 썬캡, 팔토시, 올드팝송의 시디들까지. 온갖 잡상인들이 한 차례씩 지나가고 나자 '예수천국 불신지옥'의 어깨띠를 두른 열혈 '전도부인'이 나타난다. 아, 아직도 저런! 나는 마치 이십 세기로 돌이키는 환승 열차에 타고 있는 것만 같다. 어차피 시간이라는 것도 상대적인 개념의 흐름이라 했던가, 돌아갈 수 있다거나 돌아올 수 있다거나.

무엇을 팔아달라거나 구걸을 하는 것도 아닌 저 초로의 여인은 간절하고 애타게 구원을 외쳐대지만, 인정이 아주 메마르지 않은 사람들조차도 모두 스마트폰에만 코를 박고 있다. 천상의 구원보다는 당장 손바닥 안의 마귀의 쾌락에 빠져 죽을 태세다.

'신'이라는 추상의 극치를 이현령비현령으로 사용해왔던 신에 대한 고전주의는 곧 끝이 날 것인가. 이십일 세기의 과학자들은 지금 우주의 비밀을 풀려고 부단히 열쇠를 돌리고 있다. 캐비닛은 곧 어쨌든 열릴 것이다. '신'이라는 입자와 파동, 그 겹침과 얽힘의 진상이 어느 정도는 객관적으로 증명될 터. 신학과 철학, 과학이 합성된 그 어떤 형태의 이데올로기가 탄생된다면, 세상은 좀 달라질까.

고랑포에도 예배당이 있었다. 그때 고랑포 사람들은 십자가가 달린 건물은 무조건 예배당이라고 불렀다. 새로 부임한 목사의 가족들은 도시적이고 귀족적인 사람들이었다. 목사의 아들. "뉘 집 아들인가? 저 핸섬보이, 이 담에 여자들 꽤나 울리겠는데." 수지 이모의 예상대로 차츰 교회에 나가는 여자애들이 늘어났다. 언니와 나도 이모들이 갖다준 레이스 원피스를 차려입고 화려한 나들이를 하듯이 교회로 갔다. 핸섬보이, 그 오빠의 어머니는 퍽 상냥하고 아름다웠다. "천사 아기가 내려오셨나 봐. 토니, 토니야. 하나님이 너를 얼마나 사랑하시는지 아니?" 목사님의 사모님인, 핸섬보이의 어머니가 애리 이모의 아들인 토니에게 갖는 관심은 대단했다.

…… *저 애는 튀기야. 쟤네 아버지는 미군, 그러니까 쟤네 엄마가 양색시였다구, 양갈보 말이야.* 토니가 좀 큰 아이가 되었을 때 들어야 할 상처의 말들을 누구보다도 걱정한 사람은 교회의 사모님이었는지도 모른다.

"그러니까, 이 아이를 보내자는 말이오? 이 애의 엄마에게서 동의는 얻었소?" 목사님, 핸섬보이의 아버지가 언니의 등에 업힌 토니를 손가락으로 가리키며 사모님에게 물었다. 처음엔 사색이 되어 펄펄 뛰던 애리 이모도 결국엔 핸섬보이의 부모들에게 설득당하고 말았다. 토니 앞날의 운명을 거머쥐고 있기라도 한 듯 끈질기게 물고 늘어지는 그들을 막아낼 힘이 우리들에게는 없었다. 토니는 결국 제 아빠의 고향으로 돌려보내졌다. 번지수를 잘못 찾은 우편물처럼 우리 곁에 잠시 머물렀다 간 아이. 큰이모가 궤차고 가버린 토니의 아빠 잭슨은 이미 아메리카합중국 사람. 하나님도 목사님도 지켜주지 못할 바에야, 토니는 한국을 떠나는 게 백번 나았다.

지구상에 잠시 불시착한 리틀 엔젤, 지금은 알아볼 수도 없는 얼굴, 토니야! 네 엉덩이엔 아직도 가시지 않는 우리들 어느 선대의 멍처럼 선명하고 푸른 몽고반점이 찍혀 있지 않았지만 분명히 네 몸속엔 반쯤의 코리안이 들어 있단다. 핸섬보이의 가족들과 함께 내 아름다운 시절의 한때를 장식했던 아이, 토니야!

애리 이모가 아주 떠나던 날, 영구차의 꽁무니에 매달려 울면서 몸부림치던 훤칠한 서양 청년의 환영을 본 것도 같았다. 내 작은 가슴에 안겨 옹알거리던 아기 또한 잠시의 환영이었나?

토니가 미국으로 입양된 후, 언니와 나는 교회에 발길을 끊었다. 이모들이 잠시 머물렀다 간 고랑포에서의 일 년여 세월은 우리들에게 커다란 생의 파동기였다. 아무것도, 아무런 존재도 아니었던 오차순과 오차희는

본래의 모습으로 돌아왔다. 다만 핸섬보이라는 환상의 그림자를 가슴속 깊이 사려 묻은 채 나날이 비천할 뿐이고 비린내만 풍기는 고랑포 여자들 틈바구니에서 우리들 또한 고랑포 여자들이 되기 위하여 조용히 성장해가고 있었다. 세 끼의 밥을 거르지 않고 꼬박꼬박 찾아 먹음으로써 나날이 팽창되어가는 우리들의 뼈대와 살 속에 고랑포의 풍취를 푹 익혀가고 있었다. 고랑포를 떠났어도 아이들의 양육비만은 어김없이 부쳐오는 이모들 덕분이었다.

*

미군 캠프만이 자리를 지키고 있을 뿐 거기엔 아무것도 없었다.

이미 폐허가 된 동네였다. '원조 턱거리 함바집'이라는 간판마저 없었더라면 피난민이 한차례 휩쓸고 지나간 것 같은, 60~70년대 사진전에서나 볼 수 있는 거리 풍경이었다.

수지 이모는 대체 왜 이곳 턱거리를 혼미한 정신 속에서도 떠올려냈을까.

졸지에 캐스팅된 대역 배우처럼 경직된 써니의 모습은 마치 카뮈의 소설『이방인』의 주인공 뫼르소 같았다. 수지 이모 역시 뫼르소의 어머니처럼 자식에게 철저히 타인화된 존재였다. 나는 써니와 동행하면서, 어머니의 장례식이 진행되는 동안 눈물 한 방울 흘리지 않고 담담하게 의례적인 예의나 겨우 갖추었던 뫼르소가 왠지 자꾸 연상되었다.

"이목구비가 반듯한 게 선자를 똑닮았구나. 네가 찾아온 걸 알면 아마 네 어미가 죽었더라도 벌떡 일어나 달려올 것이다."

풍만한 체구의 중년 여인이 다 된 써니를 먼저 알아본 사람은 내 어머니였다.

초등학교에 들어가기 전까지 써니는 우리 집에서 살았다. 살결이 까무스름한 써니 역시 잘못 배달된 소포처럼 방치되었다가 다시 발신처를 찾아서 돌려보내졌다. 하지만 제대로 번지수를 찾아갔는지는 아무도 알 수가 없었다. 다시 한 번 써니의 입양을 주선한 예배당의 목사님과 사모님도, 하나님도 알 수 없는 노릇이었다. 성장 속도가 빨라서 우리 집을 떠날 때에 이미 다 큰 여자애 티가 났던 써니. 한때 동네의 누군가가 써니를 용주골에서 보았다거나, 보산리에서 보았다는, 귀신이 곡할 노릇의 소문이 떠돌았지만, 써니같이 생긴 여자애들이 거기 어디 한둘이겠냐며 내 엄마는 콧방귀도 뀌지 않았다.

미국에 가기만 하면 써니도 곧 불러들일 수 있다는 강한 신념을 가졌던 수지 이모. 잭슨마저 다시 월남전으로 떠나고 없는 미국 땅에서 써니의 진짜 아빠를 찾는다는 건 대한민국의 광화문에서 김 서방을 찾기보다 더 무모하다는 걸 바로 깨달았을 것이다. 한국에 있을 때조차 자신의 첫딸인 은주의 아빠를 찾지 못한 이모였다. 순수한 한국인의 혈통을 물려받은 은주는 제 엄마가 한국을 떠난 그해 겨울에 푸른 물찌똥을 싸다가 죽었다. 엄마가 미국에 제 아빠를 찾으러 갔다고 믿었던, 아직 다섯 살배기 아기였던 은주. 고랑포의 혹독한 찬바람 앞에서는 삼신할미도 맥을 못 추었다.

미국에서 쫓겨나 온 수지 이모를 받아주는 곳은 어디에도 없었다.

갈 때까지 가버려 더는 오갈 데가 없을 때 겨우 매달렸던 동두천의 턱거리. 병든 수지 이모는 재기를 꿈꾸며, 다시 한 번 '엔조이'의 인생을 바랐을까.

숨이 턱에 닿도록 헉헉거리는 턱거리. 정식 행정명은 경기도 동두천시 광암동. 아직까지 턱거리 안쪽에 남아 있는 미군 캠프. 미군 병사가 호기롭게 "토꼬리!"라고 외쳤을 때 어떤 택시 기사는 혹시 "토끼꼬리"로 알아듣지 않았을까. 정문의 한국인 보초병이 내게 들어올 거냐는 손짓을 했다. 나는 도리질을 하며 기웃거렸지만, 삼엄한 경계 같은 것은 어디에도 없었다.

미군 캠프 진입로에 양옆으로 늘어선 바라크 같은 단층의 건물들. 어쩌면 수지 이모도 저쯤의 어떤 쪽문 앞에 서서 "헤이, 플레이, 플레이! 두유워나 핫걸?"을 외치며 미군 병사들을 유혹하지 않았을까. 두둑한 생명 수당의 달러를 움켜쥐고 언제 월남전으로 차출되어 갈지 몰라 불안한 분기탱천의 젊은 피를 기어이 터뜨려 짜내야 하는 병사들. 그들이 요구하는 온갖 '서비스'를 다 감내해냈다는 핫걸.

써니가 결국 "마미, 마미"라고 부르짖으며 오열했다.

기지촌을 벗어나는 방법은 미군을 따라 본국으로 가는 것. 미군의 정식 아내가 되어서 한국을 떠나는 길밖에 없었다. 살림부터 차리고 봐야 했다. 그리고 반드시 미군의 아이를 낳아야만 했다. '좋은 나라'의 아버지라면 제 아이를 버리지 못할 테니까. 그러나 그네들에게 인생 역전 성공의 확률은 사법고시 패스보다도 더 희박한 하늘의 별 따기.

보산리와 턱거리 여자들에게 전혀 희망이 없는 것은 아니었다. 턱거리에 공장이 들어서면, 미군 부대가 철수하고 그 자리에 공업단지가 들어선다면, 상전벽해가 따로없었다.

"제일 먼저 여러분들을 채용해줄 것입니다. 우리에게 국방과 경제를 도와주고 있는 미군을 위해서 열심히 봉사하는 여러분들은 진정한 애국자들입니다. 이곳에 가발 공장이나 봉제 공장이 들어서면 여러분들의 노후는 확실히 보장이 될 것입니다." 공무원들의 공언은 바로 하나님의 말씀이었다. 기지촌이 수출산업공단으로 다시 거듭난다는 예언이 아니었던가. 그렇다, 모든 지구상의 낙원과 유토피아 같은 것들은 늘 인간의 언어 속에서 먼저 구현되지 않았던가.

'미군기지 잔류 사전협의 약속 무시하는 정부는 각성하라', '매번 희생만 강요하는 정부, 동두천 시민은 피멍든다' 규탄의 구호만 난무하는 도시에 상전벽해 같은 것은 어디에도 없었다. 강하고 부유한 나라에서 온 형제들이여, 떠날 때를 알고 떠나는 이의 뒷모습이 얼마나 아름다운지?

헬로 기브 미 초꼬레트! 연합군이 던져준 초콜릿과 사탕을 주우려고 흙먼지 속으로 우르르 몰려갔던 독일이나 프랑스의 아이들. 제2차 세계대전이 종결되기까지 그 아이들도 마찬가지였다지. 경제와 문화의 선진국인 그 나라의 아이들도 한때는 우리들처럼 비루하고 후지고, 외로웠다지. 왜 우리는 이런 적나라한 모습을 외면하려고만 했을까? 교과서는 언제나 공익적이고 제국적인 관계에 대해서만 알려줬고 우리에게 그걸 믿으라고 강요했던 거야? 나는 배신감마저 들었다.

복합화력발전소의 공사가 한창 진행 중인 왕방산 계곡 진입로에서 주홍색 조끼를 덧입은 인부가 수신호로 공사 차량들의 교통정리를 하고 있었다.

"저기요, 여기 발전소 들어서면 관광객들이 좀 올까요?"

"아이, 그런 거 없어요. 그냥 버려진 땅에다 짓는 거예요. 다른 덴, 시끄럽다고 공사 못 하게 해요."

*

턱거리 언덕을 돌아 나와, 포천으로 이어지는 탑동계곡 쪽으로 가려던 것을 포기하고 장림계곡으로 차를 몰았다. 드라이브하기엔 그만인 곳이었다. 주말이면 지금쯤 고기 굽는 냄새가 진동하겠지만, 그건 저쪽 어떤 사람들의 세계에서는 바로 환각의 시간이었을 것이다. 작고 아담한 숲의 동네가 홀연 드러났다. 유럽풍의 별장 같은 붉은색 빌라들. 도로변 뜰 앞에 모여 있는 여인들. 섰거나 쪼그리고 앉았거나, 그녀들의 시선은 멀지도 가깝지도 않았다. 표정은 밝지도 어둡지도 않은, 무엇을 바라지도 포기하지도 않은 그저 단순한 얼굴이었다. 동남아 여인들 같기도 했고, 또는 중국이나 한국의 여인들 같은 그녀들은 젊었으나 그리 예쁘지는 않은 동네 아낙들 같았다.

한 여자가 조곤조곤 들려주는 회상의 말투는 묵은 일기장을 읽는 혼잣소리거나 독립영화 속의 무명 배우가 들려주는 내레이션 같았다.

겹겹으로 쌓여 있는 접시 세트와 밥주발들, 국 대접과 화채 그릇들. 대체 왜 이런 것들을 사들였을까요. 아마 언젠가는 그 누군가들과 모여서 음식을 나눠 먹는 꿈을 꾸었던가 봅니다. 지인들을 초대해놓고 부산하게 움직이며 국과 찌개가 식지 않게 시간을 가늠하고 수다스럽게 일상을 얘기하며, 쩝쩝 소리마저 정겨운 식탁 위의 정경들.

혹은 누군가와 다정히 마주 앉아 차를 마시는 그림. 당신은 은주의 아빠인가요? 살아 있는 한 언젠가는 돌아오겠다던 사람. 우리는 서로 공장에서 야근을 마치고 돌아와 피곤한 하루, 그래도 조신하게 마주 앉아서, 더 폭삭 늙어버릴까 차마 맞바라볼 수 없어서, 오늘은 왜 이리 늦었냐고 당신은 딴청을 피우는군요.

예쁜 찻잔이나 티스푼, 케이크 접시들도 꼭 두 개로 된 세트를 사 모으고는 했지요. 달콤한 시간들은 그리 쉽게 주어지지 않아요. 그런 바람을 간직했던 말랑한 시간들도 묵은 달력을 버리듯 이제 버리렵니다.

어떤 여자에게는, 안락한 삶이란 여러 개의 겹친 문으로 통과해 오는 손님 같았으니 단정하게 사는 것이야말로 그녀가 찔러버려야 할 표적이었답니다.

한국을 떠날 때 내 배 속에 들었던 잭슨의 씨앗. 그 아이만은 지금 미국 어딘가에서 잘 살고 있으리라는 기대감. 그것이 곧 환상이라 해도.

그리운 이를 만나러 가는 동안 우리는 아마 지구 밖의 시간으로 흘러갔던가요. 약속 장소에 다다를 즈음에 온몸으로 증폭되는 희열의 파닥임, 심장에서 솟구치는 뜨겁게 아린 피의 빠른 맥놀이. 평생에 걸쳐 서너 번이나 될까 한 집약된 삶의 기쁨의 순간들이 언제였는지 이젠 기억도 흐리지만 그 느낌만은 간혹 되살아납니다.

수많은 물결들이 흘러와서 나를 부딪고 갔습니다. 때로는 나를 때리는 듯 세고 아프게, 나를 위무하듯 부드럽게 살며시 감기듯. 그런데 나는 그 모두를 떠나보내야만 했지요. 그들은 모두 내게 무늬의 빗금 하나씩을 새겨주고 갔습니다. 나는 그렇게 그들을 맞고 또 보내야 했습니다.

나도 늘 떠나는 삶을 원했지요. 내 본질을 캐내면 그건 아마, 한 자락 바람일 것입니다. 어느 산꼭대기에서 느끼는 풍경에 황홀해지거나, 찬란한 햇살 그 아래서 미세한 떨림으로 분광하는 나뭇잎들의 차양 밑, 거기서 행복의 극치를 느낀다면 나는 틀림없이 바람의 DNA로 이루어진 실체일 것입니다. 이젠 나, 바람처럼 떠돌아도 되겠지요. 내 고향 만경 들판에서 어릴 적 나부끼던 살바람같이 나는 다시, 나는 이제 점점 또 하나의 세계로 접어듭니다.

저 멀리 어린아이를 셋씩이나 안고 업고, 걸리고 휘적휘적 걸어가고 있는 여자.

도로변 뜰 앞에 모여 있던 그 여인들이 일제히 일어나 그 여자를 향해 손가락질한다. 영화의 페이드아웃처럼 점점이 사라지는 여자와 아이들.

엔딩크레딧의 자막처럼 서서히 올라가는 한 글자, 한 글자.

'너는

결코

더러운

년이

아니다!'

* 기지촌 자료는『한겨레신문』기사「기지촌 여성 김정자의 증언」(2014년 7월 8일)에서 일부 참고하였음을 밝힙니다.

헛발

날카로운 햇빛이 눈을 찌를 것만 같은 남향의 베란다에 앉아서 책장을 넘기는 여자. 처음 나는 그 여자가 독서에 열중하고 있는 줄 알았다. 그러나 그 여자의 두툼한 손목이 부지런히 움직이고 있다는 걸 바로 감지해냈다. 나는 산악인들이 사용하는 로프의 외줄에 매달려 그 여자네 아파트 외벽에 도색 작업을 하는 중이었다. 가운데쯤이니까 아마 그 여자의 집은 삼백육칠 호, 아니면 삼백오륙 호쯤일 것이다. 사실 초고층 빌딩보다는, 줄을 걸어 맬 수 있는 시설이 전혀 없는 이런 단층의 건물이 더 위험했다. 거의 삼십여 년이 다 되어가는 주공아파트라는 게 워낙 경직되고도 위태로워 보이는 건축물 양식이긴 하지만, 그런 낡은 게슈타포 감옥 같은 건물에 안전장치도 없이 매달려 페인트칠을 하는 나도 아슬아슬하기는 마찬가지라고 침을 뱉으려는 순간 그 여자가 내 시야에 들어왔던 것이다.

바깥 유리벽이 아닌 실내의 벽 쪽을 향해 고개를 수그리고 앉아 있는 여자의 둔중한 뒷모습이 어딘지 의뭉하고 무력해 보이기도 했다. 그 여자가 책장을 넘기면서 무엇인가 털어내고 있다는 것을 알아차리기까지 서너 평쯤의 외벽에는 촌스런 코발트색이 물들어가고 있었으니 대략 삼사 분 정도가 소요됐을 것이다. 그러니까 그 여자는 책장의 갈피마다에서 무언가를 지워내는 작업을 그토록 진중히 하고 있었던 것이다. 아무

튼 어렴풋한 상황이 파악됐을 때 나는 비현실적인 느낌이었다.

걸상, 그건 아무래도 연극 무대용 소품이었다. 그 여자의 둥실한 엉덩이가 반나마 걸터앉은 그것은 내가 초등학생 때 앉았던 나무 걸상이었다. 장식용도 못 되는 그것이 일상에서 태연자약하게 사용되고 있다는 사실, 그리고 매끈하게 니스 칠이 된 것이 아닌 거칠고 투박한 나뭇결이 드러나는 초등학생용의 걸상을 깔고 앉아 있는 여자.

*

여전히 밧줄에 매달린 내가 가까스로 몸과 마음을 수습했을 때 그 여자도 반쯤은 넋이 나간 모양으로 무망중에 당한 정황을 이해하지 못했다. 그 여자의 정수리에 내리박히는 초여름 오후의 햇볕이 너무 뜨거워, 그 여자가 한쪽 손을 들어 쏟아진 머리카락을 쓸어 올리며 무심코 바깥 창쪽을 뒤돌아보는 바람에 나와 눈이 마주친 것이다. "뭐, 뭐예요?"라는 물음을 삼키며 놀라 벌어지는 여자의 입이 검은 동굴처럼 확대되었다. 나는 아찔하게 죽음을 직감했다. 저 시커먼 굴 속으로, 곧 빨려들어갈 것이라고 체념해버렸다.

"광수, 맞지? 광숙이 동생, 그치?

여자가 먼저 나를 알아보았다. 아, 광숙이, 광숙이 누나를 기억하는 사람이 있었다니. '광숙이'라는 발음이 기이한 울림으로 내 뒷머리를 후려쳤다.

"왜 귀신 만난 얼굴이야?"

허공에서 곤두박질치려는 찰나에 어딘지 익숙한 얼굴과 마주치고 있다면 이미 내가 딴 세상으로 접어들었다는 거겠지. 그래, 정이 누나구나. 광숙이 누나의 얼굴도 언뜻 스쳤다. 지상에서 다시는 만날 수 없는 사람들과 만나지는 곳, 그렇다면 나는 제대로 안착한 것인지도 모른다.

낯선 도시에 가면 늘 가늠해본다. 도대체 이 지역 사람들의 주된 수입원은 무엇인가. 무슨 일에 자신의 하루 시간을 다 쏟아내고 대가를 지불받는가. 공업단지나 포구의 어촌이 아닌 다음에야 직접 농사를 지어서 얻은 소출과 짬짬이 노동력을 품팔이해서 생기는 가용 돈이 전부일 것 같은 산간벽촌은 그렇다손 치고, 내륙의 어중간한 시읍면이라면 신체와 정신의 억압을 기본으로 하는 온갖 서비스직들과, 노점과 좌판의 위태한 생계 수단을 염려해본다. 우주여행의 시대라 해도 결국 먹고사는 것의 초미의 문제에서 벗어나지 못하는 인간의 한계가 아닌가.

"여기, 시댁에서 받은 땅이 조금 있어." 하지만, 정이 누나는 딱히 농사를 짓는 것 같지는 않았다. 나 역시 이런 곳까지 들어와 줄을 타며 살아가게 된 경위를 털어놓자면 피차일반이라 우리는 그때, 그저 노릇하게 구워진 장어의 몸 토막이나 부지런히 집어 먹었다.

"장어구이집들이 많은 건 여기가 강가에 가까운 동네라 그런가? 전국적으로 바다와 강이 만나는 곳에는 원래 장어가 유명하기는 하잖아요."

"자연산이 어딨어? 다 양식이야. 그래도 보양식이라고 많이들 오잖아."

정이 누나는 퇴직 후에 한동안 함께 여행 다니는 팀이 있어서 좋다고 했다. 네다섯 명이 승용차 한 대로 훌쩍 이박삼일이나 삼박사일쯤 동해안이나 서해안 또는 내륙을 가로질러 남해로 내달린다고 했다.

"작년 오월 중순경에 진도 쪽으로 가던 중이었어. 보성쯤이었지 아마. 해질녘에 양파밭에서 혼자 쭈그리고 앉아 있는 초로의 여자가 보였어. 우리 일행 중에 홍이 군이 차를 세우라는 거야. 그냥 양파밭 풍경을 찍으려고 그러는 줄 알았지. 그런데 홍 그이가 양파밭에서 고개를 수그리고 앉아 일에 열중인 그 여자에게 아줌마! 하고 부르더라고. 건너편 도로의 자동차 안에서 갑자기 자기를 부르니까 그 여자가 화들짝 놀라서 우리 쪽을 쳐다볼 수밖에. 그 순간, 홍이 카메라를 들이대고 그 여자를 찰칵 찍어버리는 거야. 그러고는 창문을 닫으면서 출발! 하는 거 있지."

그러니까 정이 누나는 함께했던 여행팀의 홍이라는 사람에게서 그 순간 환멸을 느꼈던 것이다. 양파밭에서 일하는 여인을 급습하듯이 들이대어 찍고는 대단한 작품이라도 건진 양 의기양양했던 그 사람에게서 지독한 혐오를 보았을 것이다.

정이 누나가 J선생과 절연한 것도 다 그 환멸 때문이었다.

"무슨 인연인지, 내가 세 번째 발령을 받은 중학교의 교장과 그 J선생이 대학 동문이었어."

정이 누나는 J선생과 다시 만난 걸 엮였다고 표현했다. 우리랑 학교 앞 분식 센터에서 떡볶이와 튀김을 맛나게 먹었던 J선생은 그런 것은 입에 댄 적도 없었다는 듯 천민의 음식으로 취급하더라고, 정이 누나는 고개를 절레절레 흔들었다. 그런 격의 없는 사료(食料)들이 어떻게 사람이 먹을 수 있는 식품이냐는 듯 인상을 찌푸리는 J선생에게서 정이 누나는 느끼한 혐오를 목격했을 것이다.

장식용도 못 되는, 초등학생용의 오래된 걸상을 가져다가 베란다에 놓고 앉아 있는 것도 정이 누나다웠다.

"그런 골동품을 어디서 구했어요?"

"야, 우리 팔뚝 센 거, 다 그것 덕분이야. 우리 그거 들고 복도에 서서 엄청 벌받았잖아. 툭하면 책상 위에 올라가 꿇어앉고. 아, 왜 그런 그지 같은 기억들만 잔뜩 남았지."

"근데, 뭘 그렇게 열심히 지우고 계셨수?"

"할 일이 없으니 내가 요즘 별 짓거리를 다 해."

말씨가 좀 거칠어진 건 아무래도 정이 누나답지 않았다. 우리 동네에서 사범대에 간 사람은 정이 누나가 처음이었다. 선하고 예쁜 선생님이 되리라는 건 확실했다.

*

화분들이 놓인 창턱 아래로 한여름의 열기보다 더 숨이 막히는 뜨거운 바람이 쉴 새 없이 뿜어져 나오는 라디에이터가 놓여 있었다. 옥화라는 이름의 난초와 행운목, 자잘한 덩굴식물의 잎사귀들도 누렇고 까칠하게 말라서 건조한 하루하루를 시름시름 야위어가고 있었다.

퇴근할 때쯤 세면대의 개폐기 꼭지를 먼저 꾹 눌러 물구멍을 막은 다음 수도꼭지를 틀어 한 바가지 정도의 물을 받아놓고 또 한 바가지 정도의 물을 받아 바닥에 흩뿌린 후에 또 한 컵 정도의 물을 분무기로 뿜어 물안개의 연막을 펴고는 했다.

마지막 늦추위가 심술을 부리던 날, 그 아이가 울면서 교무실로 뛰어 들어왔을 때도 물안개같이 실체도 없는 짜증이 밀려왔다. 나는 남자 수학 선생에게 쟤 좀 빨리 내보내라는 눈빛을 쏘며 턱짓을 했다. 자칫 성가신 시비에 휘말리는 일은 피하고 싶었다.

교무실 밖에는 해결사로 보이는 건장한 어깨의 남자 두 명이 서 있었다. 그들은 예의바른 태도로 머리를 조아리며, 저 학생의 아버지가 사업상 돈을 빌려 갔는데 아직 갚지를 않았다고 했다.

"여긴 학교잖아요."

나는 바들바들 떨고 있는 그 아이를 보호해주어야 할 것 같았다.

"쟤하고 잠깐 얘기만 하면 된다니까요."

조금 더 나이 들어 보이는 남자가 목소리를 깔았다.

"그런 비즈니스는 저 아이의 아버지께 가보셔야지요."

신입 남자 선생이 그 남자의 앞을 가로막고 나섰다.

시끄러워질 게 뻔했다. 나는 체육 선생에게 바짝 붙어 서며, 저 아이도 좀 빨리 돌려보내야 한다고, 강력하고 나직하게 속삭였다.

혹시 저 아이도 교실 창문에서 뛰어내리지 않을까. 나쁜 기억들이 나쁜 선생을 만들고는 했다.

광숙이 아버지의 친구라는 남자들이 찾아와서 광숙이를 끌고 가던 날, 담임선생 J는 소 닭 보듯만 했다. 콩나물시루 같은 교실 안에서 상한 콩을 집어내듯이 광숙이를 콕 끄집어내어 데리고 나가도록 방조한 선생이 더 사기꾼 같았다. 그런 선생은 되지 말자고 스스로 강다짐을 했건만, 그 밥에 그 나물이 되어 있었다. 명예퇴직의 압박감도 시작될 즈음이었다.

광숙이만 비켜나주면 운철이가 학교를 대표해서 백일장에 나갈 수가 있었다. 운철이네 아버지는 군청의 무슨 국장이라고 했다. 국장 아들이면 꼭 백일장에 나가야 하는가? 운철이를 학교 대표로 만들지 못한 J선생은 교장한테 불려 갔다 온 뒤에 광숙이의 기를 꺾어놓고자 했는데, 저절로 운때가 맞아떨어진 셈이었다.

이미 체념한 듯 주섬주섬 책가방을 챙긴 광숙이가 낯선 남자들에게 어깨를 잡힌 채 울면서 교실을 나갔고, 우리 반 아이들은 단체 기합으로 무슨 나쁜 꿈을 잠깐 꾸고 난 듯 망연자실 누구 하나 입도 뻥긋하지 못했다.

"내 동생 광수한테 절대로 말하면 안 돼!"

광숙이는 내게 신신당부했다. 집은 풍비박산이 나고, 덩치가 자기보다 더 큰 남동생을 늘 옆에 끼고 다니며 어린 엄마 노릇을 했던 광숙이. 그 애가 그토록 지켜주고 싶었던 그 아이 광수가 하마터면 내 아파트의 베란다에서 추락사할 뻔했잖은가.

나는 그때 베란다의 그 걸상에 앉아서, 도서관에서 빌려 온 책에다 죽죽 그어놓은 밑줄을 지우고 있던 참이었다. 맘에 드는 문장에다 연필로 줄을 치는 오랜 습관이 남의 책이라고 조심하지는 않았다. 가려운 걸 긁어주는 문장들이나, 맞장구쳐서 간직하고 싶은 문장들 옆에다가는 내 자신의 감상이나 생각을 메모로 달아놓고는 했다. 기껏 써먹어봐야 수업시간에 어린 학생들 앞에서였지만, 만약에 그런 혼합된 문장들로 짜 맞춘 글들을 아무런 거리낌도 없이 어디에 기고라도 했다면, 그건 틀림없는 표절이었다. 하지만 뭐, 무명한 중학교 국어 선생한테 외부의 원고 청탁 같은 건 없었으니까.

꼼꼼히 책장을 넘기며 검사를 하는 도서관 사서도 있었다. 책장의 여백마다 토해놓는 감정의 문장들을 들키는 건 아무래도 상관없었다. 인터넷 기사에 달리는 익명의 댓글만큼이나 요령부득하고 진부하기는 마찬가지일 터. 자신조차도 못 알아보는 낙서의 문장들을 지우개로 박박 문질러 훨훨 털어내는 건 다른 독자에 대한 예의이기 전에, 내 스스로에 대한 결벽일 수도 있었다. 무슨 원죄 의식처럼 헤어나지 못하는 환멸들을 제 손으로 차분하게 거둬들이고 싶었다. 불현듯 남기고 싶지 않은 것들에 대한 철저한 혐오. 그러니까 나는 내 자신의 흔적들을 처리하기 위해 제 손으로 꼼꼼히 수작업을 하고 있었던 것이다.

*

"황희는 구십 세까지 살았으므로 평균 수명이 지금보다 훨씬 짧았던 그 당시로 보자면 매우 드물게 장수한 축에 듭니다. 공직자로서의 수명도 최고일 것입니다. 기록상으로 오십육 년 동안이나 관직에 있었거든요. 그 중 이십사 년간이나 재상직을 맡으면서, 그중에 또 십구 년 동안이나 영의정 자리에 있었거든요. 우리가 왜 이분을 명재상이라고 일컫는가 하면요, 바로 그런 점이지요."

갈매기를 벗 삼아 노닌다는 뜻이 담긴 반구정(伴鷗亭). 황희 정승은 관직에서 물러난 후 이곳 임진강 기슭에 정자를 짓고 여생을 보냈다고 한다. '황희선생 유적지' 리플릿 안내서에 따르면 원래 낙하진에 인접해 있어서 낙하정(洛河亭)이라 했다는데, 아마 당시에는 지금보다 훨씬 소박한 건축물이었겠지. 지금처럼 제법 날렵한 모양새를 갖춘 문화재급 형태는 아니었을 것이다. 적어도 청백리의 얼이 깃든 곳이라면 말이다.

"와우, 대단하네요. 그러나 한편 오십육 년, 반세기 동안이나 관직에 있었다는 것은 무엇을 의미할까요? 소위 밥그릇을 잘 지킨다는 것. 뭐 요즘 세상의 잣대로 본다면 그건 보신의 달인이라고 치켜세울 만한 건가요?"

"아, 우리 할아버지도 아흔 살까지 사셨는데. 야, 그럼 우리 할아버지랑 황희 정승이랑 똑같네."

내가 엇박자로 나가자, 아까 입구에서 만났던 꼬마 녀석은 난센스의 장단을 맞추었다. "우리도 장수 황씨예요"라며 쑥스러운 자랑을 나타내던 아이였다.

나는 문화해설사라는 긴 줄의 명찰을 목에 건 그이의 열정을 꺾고 싶지는 않았지만 굳이 그의 역사관이나 세계관에 장단을 맞춰주고 싶지도 않았다.

"기록에 보면, 세종대왕께서는 황희 정승이 말한 대로 하라는 어명을 수도 없이 내리고 있습니다. 물론 황희 정승도 완벽한 건 아니었습니다. 부정에 연루되기도 했지요. 하지만 임금들께서 황희 편을 들어 무마시켜 주었다는 기록도 버젓이 나와 있어요. 그게 언제냐면요."

그는 자꾸만 '기록에 보면'이라는 관용구를 갖다 붙이는데, 그의 습관인 것 같았다.

이쯤이면 아, 됐네요. 그의 말대로 기록에 나와 있다는데 뭘 더 듣고 자시고 한단 말인가. 나는 갈매기나 보러 왔거든요. 부산 갈매기는 너무 머니까요. 나는 "부산 갈매기~ 부산 갈매기~"를 콧노래하면서 그를 피해 달아나려고 했다.

내가 다음번에 반구정을 찾아갔을 때 문화해설사라는 그 중년의 남자는 보이지 않았다.

"지가 무슨 황희 정승이야? 지 아들까지 벼슬을 시켜주게."

"뭔 소리야? 황희 정승까진 알겠는데, 아들 벼슬은 또 뭐야?"

박 과장의 뜬금없는 비유법은 썰렁한 개그 수준급이었다.

"뭐긴 뭐야? 세습, 대를 이어 해먹겠다 이거지. 지들이 무슨 세습무당이냐고?"

박 과장은 김 이사의 아들이 낙하산을 타고 자신의 부서로 내려오자 밸이 꼴려서 못 견뎠다.

"아, 그런 거. 어제오늘 얘기도 아니잖아. 공기업에서도 비일비잰데 사기업에서야 다반사지 뭐."

나는 그 낙하산의 여파가 바로 나까지 덮치리라고는 예상하지 못했다. 허를 찔린다는 게 결국 정보에 둔감하고, 저 혼자 초연한 미생(未生)들에게나 닥치는 부조리의 반전이 아닌가.

"그런데 참, 황희 정승은 뭔 얘기지? 둘도 없는 명재상에다 청백리로 추앙받는 양반이."

"아, 자식이란 게 뭔지…… 그 양반도 말년엔 아들자식 때문에 스타일 다 구겼다네."

파직된 아들의 관직을 돌려달라고, 이제 막 즉위한 새파랗게 젊은 왕에게 상소문을 올려야 했던 늙은 아버지. 그는 이미 재상도 정승도 아니었고, 다만 아들의 안위를 구걸하는 한낱 세속의 아비일 뿐이었다.

황희는 말년에 작은아들의 문제로 임금께 간청을 올립니다. 기록에 보면 다음과 같습니다.

"신의 나이가 지금 팔십구 세니, 죽음이 조석에 있습니다. 이에 늙은 소가 새끼를 핥아주는 심정으로 어리석은 신이 목숨을 마치도록 민망스러운 마음을 풀지 못하겠습니다. 이제 크게 용서해 유신(維新)하는 날을 당해 특별히 직첩을 돌려주시면 신이 죽어도 눈을 감겠습니다. 부자의 정은 천성인지라, 감히 천위를 무릅쓰고 죽음을 잊고 아룁니다."

이에 문종이 곧 황희 아들 황보신의 직첩을 돌려주었다고 합니다. 그의 죄로 봐서는 죽을 때까지 마땅히 직첩을 돌려주지 말아야 하지만, 대신을 중하게 대접하는 도리로써 특별히 돌려준다는 칙지를 내렸다고 합니다.

그 문화해설사로부터 메일을 받은 건 뜻밖이었다. 요즘은 문화해설사도 자격시험을 본다니 세밀히 공부하는 모양이다. 처음 만났을 때 건네받은 명함을 안 버리고 있어서 내가 그에게 먼저 연락을 취했다. 황희 정승의 말년에 대해서, 특히 아들 문제에 대해서 의문을 던졌다. 그야말로 심심파적인 일이었다.

*

"서양에서는 말입니다. 라이브러리, 도서관을 자료관과 같은 개념으로 씁니다. 그러니까 굳이 짓겠다면 우리도 자료관쯤으로 명명을 해얄 것 같습니다."

"아니, 자료관이라고 하면 기념관의 성격이 달라질 줄 아십니까? 결국 한 방향으로 가는 건 뻔하지 않습니까?"

텔레비전의 토론 프로그램 속에서는 정부 차원의 특정 기념관 건립 문제를 놓고 논쟁 중이었다. 기념관 반대 시민연대 측과 기념관 건립 추진 위원회 측 논자들의 설전이 팽팽하다 못해 불꽃을 튀기고 있었다.

유능한 사회자라고 일컬어지던 훤칠한 남자 아나운서는 그때 불길을 진압함에 있어서 절대 강경책을 쓰지 않는 태도를 시종일관 보여주어서 더욱 호감을 샀다. 손짓과 표정 등, 제스처로써 논객들을 부추기기도 하며 진정시키기도 하던 그가 지금은 방송가 최고의 자리에서 더욱 잘 달리고 있다.

격렬하고 팽팽한 의견들이 오히려 난국으로 치닫고, 진실은 너무 상대적이었다. 하기야 유사 이래로 자신만의 진실을 끝까지 주장하다가 목숨을 잃은 사람도 적지 않았다. 텔레비전의 패널리스트들은 진실을 위해서 적어도 자신의 얼굴을 걸어야만 했다. 특히 용감했던 한 여자, 그이는 그때 한동안 공중파 증후군에 시달려야만 했으리라. 시인이면서 교수였던 그 여자는 화려한 목걸이와 귀걸이, 양손에 낀 도합 다섯 개나 되는 반지 때문에 자신을 완전히 딴따라로 전락시키고 말았다. 논쟁의 본질과는 상관없이 그 여자는 완전히 수준 미달의 무개념 토론자 취급을 당해야만 했다.

"그래? 그럼 해보라고."

상대측의 유명한 노장의 공직 인사는 반말까지 동원해서 그 여자 시인을 깔아뭉갰다. 함께 추락하는 것들은 절대적으로 상대의 얼굴을 외면한다. 그저 상대 여자의 기를 누르기 위해 무력적인 언사도 불사했던 그 영감님, 그도 응분의 대가를 치러야만 했다. 사회적 지위와 더불어 점잖은 체면으로 평생을 유지해온 그가 정말 도덕군자였는지는 아무도 알 수 없었다.

"에, 저는 서울 시민입니다. 응암동에 사는 박두삼이라고 합니다. 에, 저는 절충안을 내놓겠습니다. 기념관과 자료관을 각각 따로 짓는 것입니다. 하나는 정부 예산으로, 하나는 국민 성금으로 짓는 것입니다. 에, 그렇게 되면 양쪽을 충족시킬 수 있는 중립성을 유지시킬 수가 있겠고, 지금 설왕설래하면서 이 자리에 앉아 계시는 분들의 체면도 다 지킬 수 있고 말입니다……."

"여보세요, 박 선생님. 물론 선생님의 대안도 훌륭하신 논의가 되겠습니다만, 지금 이 자리는 기념관의 건립을 찬성하느냐, 반대하느냐에 대한 토론의 장입니다. 그러니까 선생님의 찬반에 대한 의견을 들을 수 있겠습니까? 여보세요, 여보세요. 아, 전화가 끊어진 것 같습니다. 그럼, 다음 분의 전화를 연결하겠습니다. 여보세요, 안녕하십니까? 본인의 소개부터 부탁드리겠습니다."

"국민 성금은 무슨? 개나발을 불고 있네. 그거 짜고 치는 거 아냐?"

당황한 사회자가 "아, 선생님, 먼저 본인 소개부터 좀!"을 외쳐보지만 그는 "전화 끊기만 해봐!"를 외치며 악의에 차고 수선스런 말들을 쏟아내려는 투였다. 찰칵, 여지없이 끊어지는 전화기에 대고 그는 온갖 쌍욕을 퍼부으며 부르르 진저리를 쳤을 것이다. 아마도 단단히 벼르고 기회를 잡았던 차에, 그마저 무참히 짓밟힌 그는 어쩌면 곧바로 한강대교 난간 위로 뛰어 올라가지 않았을까. 인도의 폭이 넓고 경치가 너무 좋아서 오히려 두려움을 못 느낀다는 터무니없는 이유에서 자살 소동을 벌이기에 적합하다는 마포대교로 뛰어가든가.

"정말 뛰어내리려고 했던 건, 아니었겠지?"

"뛰어내려봤자예요. 어차피 나는 늘 헛발을 딛고 살잖아요. 제가 바로 허공의 사나이가 아닙니까."

"맞아, 그런 비슷한 제목의 소설이 있지. 허공에 걸린 사나인가? 그럴 거야, 아마. 그런데 고소공포증 같은 거 있으면 힘들겠다, 그치?"

나는 무슨, 소설을 말하려는 게 아니었는데 어쨌든 우리는 무슨 소설이나 연극 같은 장면 속에 들어앉아 있는 것만 같았다.

"이 일이라는 게 처음엔 다 유언장을 쓰고 시작했지요. 한 십오 층 올라가니까 오히려 시야가 넓어져서 아래 세상이 좀 제대로 보이더라고요. 그리고 한 이십오 층 이상 올라가면 모든 게 다 거기서 거기, 매한가지로 보여요. 이젠, 허공에 발을 딛고 있다가 아래로 내려와서 땅을 밟으면 감각도 달라요."

"야, 아주 도가 텄네, 텄어. 지상에서 반쯤만 들려 있는 삶, 뭐 그런 거야?"

정이 누나는 노릇하게 익어터진 도톰한 장어의 몸 조각들을 연신 내 쪽으로 옮겨 놓아주며 "재밌다, 얘"라는 말을 양념처럼 곁들였다. 이십여 년 만의 우연한 만남치고는, 그 기이한 상황이 좀 웃기기는 했다.

"아, 맞네. 무, 뭉큰가? 무서워 놀라 자빠질 것 같은 표정, 그런 그림 있잖아요. 스크림(scream), 절규, 딱 그거였다니까요."

그때 내가 밧줄에 매달려 정이 누나와 눈이 딱 마주쳤을 때 유리문 사이로, 놀라 벌어지는 입과 휘둥그레 일그러지는 눈매의 그 기괴한 표정이 겹쳐왔다.

"내가? 그래, 그랬을 거야. 정말 공포였어."

"재밌다, 얘"를 추임새처럼 넣으며 내 말에 고개를 끄덕여주던 정이 누나의 목소리가 금세 촉촉해지며 코맹맹이까지 되어 "너는, 너는 그러면, 정말 안 돼"라고 말더듬이가 되었다.

"아무리 뛰어내려도, 한강에 돌 던지기지, 뭐. 백제 때의 낙화암도 아니고, 몇 백 명이 단체로 빠져 죽어도 변한 게 없어."

*

너희 아버지 뭐 하시니? 당신이 그 애에게 물었던 것 기억하겠지요.

당신의 아버지도 교육자, 교장 선생님이라 했던가요. 그렇다면 당신은 분명 거짓말을 했거나, 당신의 아버지를 아주 욕되게 한 겁니다. 설마, 교육자였던 당신의 아버지가 당신 같은 딸을 키웠겠어요?

하긴, 그때 그 시절 선생들 거의 비인간적이었으니까. 걸핏하면 어린 학생들을 개 패듯 패고, 돈이나 밝히고.

나는 지저분한 기억을 털어내려는 듯 눈을 감으며 도리질을 하지만, 노파의 잔상이 자꾸 되살아나서 혼잣말을 중얼거린다. 교육공무원들이 받는 서훈의 명단에서 J선생을 발견했다. 누구보다 훌륭한 교장 선생님으로 대미를 장식하는 그의 삶은 가히 복되고 무난한 코스였을 것이다.

광숙이가 삼 층의 교실 창문에서 뛰어내렸을 때, J선생은 그 애가 유리창 청소를 하다가 헛발을 디뎠다고 보고했다. 그러고는 한동안은 친절한 선생이 되었다. 그 애의 동생 광수와 그 애와 제일 친했던 나를 불러서 자주 학교 앞 분식집에 데리고 가기도 했다.

"우리 아버지는 사기꾼이에요." J선생은 광숙이에게서 꼭 그 대답을 들어야만 했을까. 학교가 금방 조용해질 수 있었던 것은 높은 자리에 있었던 운철이 아버지 덕분이었다. 그런 검은 관계를 의심하기에는 그때 나는 너무 어렸다. '어리다'라는 말의 원뜻은 '어리석다'라고 했던가.

"전에 한 번, 운철이 형을 우연히 만났는데 나를 못 알아보더라고요."

첫사랑도 아닌데, 운철이라는 이름에 화르르 내 가슴에서 숨은 불씨가 터지는 것 같았다.

"나빠 보이지는 않았어요. 그 역시 바보가 아닌 다음에야 현대판 음서제도의 혜택을 놓칠 리가 없겠지요. 헌데, 줄이라면 저도 웬만큼은 타는 편입니다요. 꽤 높은 빌딩까지 잘 올라갈 수 있다니까요. 삼십 층, 우리 일에 법적으로 허용된 건 거기까지라는 게 아쉽긴 하지만요."

풀 먹인 삼베처럼 서걱거리면서도, 유연하고 찹찹한 위트를 날릴 줄 아는 광수의 말씨에는 제 앞가림 정도는 하고 산다는 자부심이 배어 있었다.

"됐네, 그럼. 줄이야 아무나 잘 타는 게 아니니까. 운철이 걘, 광수 널 기억 못할 거야. 그땐 우리 모두가 너무 어렸잖니?"

"하긴, 어떻게 기억하겠어요. 기억하고 싶지 않았겠죠?"

광수는 어디까지 어떻게 기억하고 있는 걸까.

광숙이는 정말 스스로 뛰어내렸을까. 운철이는 하필이면 그때 왜 때맞춰서 맹장 수술로 결석을 했을까. 풀리지 않는 수수께끼의 블랙홀 속으로 빨려들어간 광숙이.

아버지의 친구라는 그 남자들에게 끌려갔다 온 후로 그 애는 갑자기 안짱다리가 된 듯 어기적 걸음을 걸었고, 지나가는 소나기 빗방울처럼 그 애의 종잇장 같은 뺨 위로 후드득 느닷없는 눈물이 떨어지고는 했다. 내가 해줄 수 있는 건 "여기, 아파?" 하면서 그 애의 허리께를 짚어주며 책가방을 한 번씩 들어주는 것뿐이었다.

"우리 광수한테 말하면 안 돼. 정말!" 나는 무조건 알았다고, 약속한다고 새끼손가락을 걸었다.

*

유비가 제갈량을 모셔올 때 삼세 번, 삼고초려(三顧草廬)를 하지 않았습니까마는, 황희는 태조가 개국하고 삼 년 만에 신왕조에 출두합니다. 역성혁명에 반대하여 속세와 멀어진 고려의 충신들. 황희도 애초에 그들과 함께 두문불출했지만, 새로운 국가에서 필요한 인재로 청함을 뿌리치지 못하고 결국은 관청에 나갑니다. 임금을 지극히 보필함에 있어서, 하다 보니 무리한 때도 있는지라 한때는 서인(庶人)이 되어 유배길에 오르기도 합니다.

그리하여 황희가 향관(鄕貫)인 남원으로 옮겨 갈 때, 압송은 하지 말라는 왕명이 있었습니다. 황희가 무슨 말을 하더냐고 태종이 물으니, 살가죽과 뼈는 부모가 낳으셨지만 의식(衣食)과 복종(僕從)은 모두 성상의 은덕이니, 신이 어찌 감히 은덕을 배반하겠는가? 실상 다른 마음은 없었다, 하고 울면서 어찌할 바를 몰라 했다는 기록도 있습니다.

그러나 그의 죄 없음이 밝혀져, 임금이 곧 부르시니 다시 임용이 됩니다. 그리고 탄핵의 상소를 받고 파직되었을 때 또한 이듬해 곧바로 복직이 됩니다.

이만하면, 구십 성상의 세월이 영귀(榮貴)하다 할 수 있겠고, 일세를 풍미한 삶이었습죠.

문화해설사의 메일은 그의 꼼꼼한 공부에다 나름의 해석을 덧붙인 내용이었다.

반구정의 그가 황희를 대신하여 갈매기를 벗 삼아 노는지는 모르겠지만, 그만하면 은퇴한 삶도 넉넉해 보였다.

나는 그에게 동문서답식의 답장이라도 써야 했다. 빌미를 준 건 내가 먼저였기 때문이다.

어떤 아들은 말이죠, 세상에서 그토록 존경해 마지않던 자신의 아버지의 정치적 과오가 만인 앞에 드러났을 때 자살하고 말았죠. 아버지와 같은 삶을 살고자 했던 그는 숭고한 아버지의 허상이 깨지자 삶의 좌표를 잃었던 겁니다. 다른 나라의 이야기긴 합니다만.

우리는 그런 아들, 여태 듣도 보도 못했잖습니까.

정의롭지 못한 아버지에게 절망하여 목숨을 끊기까지야 할 수는 없지만, 적어도 그런 아버지를 부정조차 하지 못하는 자식들은 또 뭡니까? 남의 자식의 자리를 빼앗아 자기 자식에게 주는 아버지, 그런 아버지를 갖지 못해서 우리는 언제까지 불행해야 하는 겁니까.

이 허방 같은 세상천지에서 인간의 한평생 잠시 잠깐 일세를 풍미했다 한들, 제 아들에게 고삐나 물려주는 아비밖에 더 되겠습니까? 제 새끼를 핥아주는, 늙은 소 같은 아버지.

우리가 말입니다, 불의한 아버지의 그 아들처럼 자살이라도 하지 않는 한, 우리는 계속 그런 아버지를 양산할 수밖에 없는 거 아닙니까?

어느 옛날, 그 누구는 허공에 대고 경을 읽었다고 하잖습니까. 경을 읽은 그 하늘자리 밑에는 아무리 눈비가 와도 젖는 법이 없어 마른 땅 그대로였다고 합니다만.

---

* 황희에 관한 내용은『방촌 황희 평전』(이성무 저, 민음사)에서 인용, 참고하였음을 밝힙니다.